CENT PRIÈRES DE CHARTREUX

« *Spiritualités vivantes* »

CENT PRIÈRES DE CHARTREUX

Textes réunis
par Nathalie Nabert

Albin Michel

Albin Michel
▪ *Spiritualités* ▪

Collection « Spiritualités vivantes »
dirigée par Jean Mouttapa et Marc de Smedt

Sommaire

Avant-propos

Les chartreux appartiennent à un ordre fondé en 1084 grâce à l'intuition exceptionnelle de Bruno de Cologne, chanoine et professeur à l'École cathédrale de Reims, qui décida un jour, à l'âge de cinquante ans environ, de se retirer du monde avec six compagnons dans le massif de la Grande-Chartreuse où l'accueillit un de ses anciens étudiants, Hugues, évêque de Grenoble. Là, selon son vœu, il mena une vie retirée de prière, de pauvreté et d'amour de Dieu, avant d'être appelé auprès du pape Urbain II, en Italie, six ans après son installation à la Grande-Chartreuse, et de se retirer de nouveau dans un désert de Calabre, appelé aujourd'hui Serra San Bruno, pour finir sa vie contemplative.

Ces deux lieux sont toujours occupés par la petite communauté des chartreux qui dépasse rarement, par souci de respecter l'esprit de solitude, treize pères destinés à la vie de contemplation et seize frères consacrés à la prière et à la gestion des affaires matérielles du monastère. Ainsi, notre époque compte un peu moins de cinq cents chartreux, hommes et femmes en Europe et dans le monde, voués à une vie de prière et de contemplation pour porter devant Dieu, de jour et de nuit, le destin et la souffrance du monde.

Cette vie rigoureusement solitaire est tempérée cependant par un aspect communautaire, car les chartreux, qui habitent chacun un ermitage où ils travaillent, prennent leurs repas, se livrent à de nombreux exercices spirituels, prient et dorment, se retrouvent néanmoins régulièrement au chœur de leur église pour chanter la louange de Dieu et partager un temps ensemble : la nuit de minuit à 2 heures ou 3 heures du matin selon l'importance des fêtes liturgiques, lors de la messe matinale à 8 heures, lors des vêpres avant 17 heures, le dimanche, pendant une récréation qui permet un échange fraternel et une fois par semaine, à l'occasion d'une grande promenade communautaire en pleine nature, appelée spaciement, où chacun peut parler avec un frère.

Cet esprit de solitude est doublé d'une ascèse profonde : silence, veilles prolongées, jeûnes rigoureux (les chartreux ne consomment pas de viande et très peu de matières grasses) et pauvreté absolue, impliquant une dépossession matérielle et l'utilisation de matériaux rustiques pour leurs vêtements, meubles et objets nécessaires à la vie ordinaire.

L'austérité et la simplicité de cette vie cachée, loin de l'agitation extérieure qui ne franchit pas l'enceinte d'une chartreuse, les nouvelles du monde y étant rarement portées à la connaissance des moines, permettent un dépouillement intérieur et un recentrement sur l'unique nécessaire : l'amour de Dieu. Ce chemin long et difficile – il faut au moins sept ans avant de prononcer une profession solennelle – repose sur une organisation du temps humain qui laisse une large part à la messe conventuelle et solitaire, aux offices religieux, qui ont lieu sept fois par jour[1], toujours doublés en cellule par l'office de la Vierge, nommé office de *beata*, à la lecture, à la méditation, à l'oraison, à la contemplation et au travail manuel, par esprit d'équilibre des activités et de profonde humilité face au destin de l'homme qui doit gagner sa vie à la sueur de son front.

Autant dire que ce mode de vie et cette ardeur amoureuse pour la vie divine ont donné naissance au cours des siècles à d'innombrables textes, résultats de la louange et de la méditation de chacun, de l'avancée spirituelle et des inquiétudes

---

1. Voici la structure de l'office canonial des chartreux que l'on retrouve dans l'organisation des prières figurant dans ce livre dans les chapitres consacrés à « la prière de la liturgie », à « la prière des heures » et aux « prières au Christ » : 0 h 15 matines et laudes de l'office canonial à l'église (retour en cellule vers 2 h 30), 6 h 30 lever, 8 heures messe conventuelle, 10 heures tierce, 12 heures sexte, 14 heures none, 16 heures vêpres de la Vierge en cellule, 16 h 15 vêpres de l'office canonial à l'église, 19 heures complies, 19 h 30 coucher. La messe solitaire des pères, en plus de la messe communautaire, a lieu généralement dans les chapelles latérales de l'église.

humaines face à la grandeur de Dieu, à la faiblesse de l'homme, aux mystères lumineux de l'Incarnation et de la Résurrection, de l'humanité du Christ particulièrement révérée en chartreuse par la méditation de sa Passion, et à l'immense beauté du murmure divin qui éclaire le cœur du moine.

Ces textes, qui pour la plupart ne sont jamais sortis de chartreuse ou de façon anonyme, toujours par souci d'effacement et d'humilité, contiennent toute la ferveur et la simplicité des âmes abandonnées, éclairées à la source divine, façonnées par le rude dépouillement de l'ascèse, la fréquentation des Psaumes, de l'Écriture sainte et la lecture des Pères de l'Église, dont on devine par endroits les traces et les inclusions dans les prières retenues ici, comme des rémanences de l'assimilation du Verbe divin.

Parce que la vocation des chartreux est d'être « un vivant autel d'où s'élève sans cesse vers le Seigneur une prière pure » où toute l'humanité est portée, comme l'indiquent les Statuts contemporains (§ 1.4.11), ces chants intérieurs touchent chacun d'entre nous avec l'universalité du silence de l'âme et la retenue de l'homme modeste et anonyme tourné vers la bonté miséricordieuse de son Dieu.

Prières des heures

1

Petit office des anges

Matines

Nous t'en supplions de tout notre cœur,
Par les anges accepte nos prières,
Garde-nous en sûreté pleine,
Chasse toute difficulté.

Haute louange à toi, mon Dieu,
Que tout esprit loue avec zèle
D'une voix pleine de louange
Durant tous les siècles des siècles.

(*Recueil de la chartreuse de Val-Joyeux de Freudnitz*, XVe siècle, Ms. Lublijana 45, Dreves, t. XLVI, pp. 237-238, extraits, cité dans *La poésie latine chez les chartreux*, par Dom Augustin Devaux, *Analecta cartusiana*, Salzbourg, 1997, p. 161.)

2

Petit office des anges

Laudes

Éternel créateur du monde,
Qui gouvernes la mer, la terre,
L'éther et sais récompenser
Chacun justement de ses œuvres,

Tu affermis tes fidèles,
Qui maintenant avec ardeur
Chantent un cantique à ta louange
Et grâce auxquels tous nos péchés
Sont pardonnés avec clémence.

Sans cesse console-nous donc
Par tous les esprits angéliques,
Afin qu'avec eux nous chantions
Pour toi des hymnes mélodieux.

(*Recueil de la chartreuse de Val-Joyeux de Freudnitz*, XVe siècle, Ms. Lublijana 45, Dreves, t. XLVI, pp. 237-238, extraits, cité dans *La poésie latine chez les chartreux*, par Dom Augustin Devaux, *Analecta cartusiana*, Salzbourg, 1997, p. 161.)

3

Petit office des anges

Prime

Dieu qui créas à ton image
L'homme et ne l'as guère placé
Plus bas que les anges sans tache,

Nous te louons avec les chœurs
Du ciel voués à te chanter,
Car tu nous reçois à la place
Du prince déchu de ce monde.

Louange et honneur soient sans fin
À Dieu, Seigneur de tous les Anges,
Qui au ciel nous associera
Aux purs esprits qui sont à lui.

(*Recueil de la chartreuse de Val-Joyeux de Freudnitz*, XVe siècle, Ms. Lublijana 45, Dreves, t. XLVI, pp. 237-238, extraits, cité dans *La poésie latine chez les chartreux*, par Dom Augustin Devaux, *Analecta cartusiana*, Salzbourg, 1997, p. 163.)

4

Petit office des anges

Tierce

Ô vous, princes des anges,
Créés du Roi du ciel
Pour la contemplation
De sa pure beauté,

Surélevez vos portes,
Venez nous rencontrer,
Portez sur la montagne
Du Seigneur les fidèles
Qui chantent pour sa gloire.

Louange et honneur soient sans fin
À Dieu, Seigneur de tous les Anges.

(*Recueil de la chartreuse de Val-Joyeux de Freudnitz*, XVe siècle, Ms. Lublijana 45, Dreves, t. XLVI, pp. 237-238, extraits, cité dans *La poésie latine chez les chartreux*, par Dom Augustin Devaux, *Analecta cartusiana*, Salzbourg, 1997, p. 163.)

5

Petit office des anges

Sexte

Seigneur Dieu des armées
Des célestes esprits,
Tu sièges sur le trône
Du ciel, dirigeant tout ;

S'il te plaît, que nous garde
Et toujours nous protège
Des traits des ennemis
La force de tes gardes.

Louange et honneur soient sans fin
À Dieu, Seigneur de tous les Anges,
Qui au ciel nous associera
Aux purs esprits qui sont à lui.

(*Recueil de la chartreuse de Val-Joyeux de Freudnitz*, XVe siècle, Ms. Lublijana 45, Dreves, t. XLVI, pp. 237-238, extraits, cité dans *La poésie latine chez les chartreux*, par Dom Augustin Devaux, *Analecta cartusiana*, Salzbourg, 1997, p. 163.)

6

Petit office des anges

None

Ô princes du Roi des cieux,
Aidez-nous de vos prières,
Pour qu'un jour nous ayons part
Avec ceux qui sont aux cieux.

Que les nuages de nos esprits
Soient effacés et qu'au Dieu
Des armées nous entonnions
Avec vous de doux cantiques.

Louange et honneur soient sans fin
À Dieu, Seigneur de tous les Anges.

(*Recueil de la chartreuse de Val-Joyeux de Freudnitz*, XVe siècle, Ms. Lublijana 45, Dreves, t. XLVI, pp. 237-238, extraits, cité dans *La poésie latine chez les chartreux*, par Dom Augustin Devaux, *Analecta cartusiana*, Salzbourg, 1997, p. 165.)

7

Petit office des anges

Vêpres

Dieu au souverain pouvoir
Qui merveilleusement distingues
Les neuf hiérarchies des Anges
En vertu de ta sagesse,

Nous t'en prions humblement,
Dirige ces défenseurs
Et par eux en abondance
Fais-nous les dons qui nous sauvent.

Qu'ils nous consolent, visitent,
Purifient, enflamment, enseignent,
Nous incitent à tout bien,
Enlèvent leurs forces aux diables.

Qu'avec les tiens ils se réjouissent,
Et renforcent leurs vertus,

Afin qu'un jour ils renforcent
Leurs cohortes dans les cieux.

Haute louange, à toi, mon Dieu.

(*Recueil de la chartreuse de Val-Joyeux de Freudnitz*, XVe siècle, Ms. Lublijana 45, Dreves, t. XLVI, pp. 237-238, extraits, cité dans *La poésie latine chez les chartreux*, par Dom Augustin Devaux, *Analecta cartusiana*, Salzbourg, 1997, p. 165.)

8

Petit office des anges

Complies

Gloire des Anges, fais-nous
Par leur aide toujours fuir
Le péché et vaincre aussi
Notre ennemi si cruel.

Purifie notre regard
Et notre cœur maintenant ;
Qu'avec les Anges toujours
Nous te voyions face à face.

Louange et honneur soient sans fin
À Dieu, Seigneur de tous les Anges,
Qui au ciel nous associera
Aux purs esprits qui sont à lui.

(*Recueil de la chartreuse de Val-Joyeux de Freudnitz*, XVe siècle, Ms. Lublijana 45, Dreves, t. XLVI, pp. 237-238, extraits, cité dans *La poésie latine chez les chartreux*, par Dom Augustin Devaux, *Analecta cartusiana*, Salzbourg, 1997, p. 167.)

9

Prière à son ange gardien

Salut, ô mon angélique, ô mon bienheureux
Esprit, toi qui es plein de la clarté
Qui jouis de la vision heureuse de Dieu
Et te nourris de la parfaite délectation.
C'est donc à genoux et prosterné
Que je t'honore, et les bras tendus,
En suppliant, que je t'implore,
Afin que ce jour-ci
Tu sois sans cesse mon défenseur.
Garantis mon corps du danger,
Garde mon esprit des taches du péché ;
En tout lieu, en tout temps
Protège-moi contre l'Ennemi,
Gouverne mon cœur, ma bouche,
Mes œuvres et ma vie.
Corrige pour moi mes prières,
Réveille-moi qui suis endormi,
Ramène-moi, moi qui suis égaré,
Relève-moi, moi qui suis tombé,
Réconforte-moi, regarde-moi,

Réchauffe-moi, moi qui gémis ;
Nettoie, purifie, perfectionne
Et embrase mon esprit ;
Aide-le, instruis-le, et incite-le
Aux actions de vertu.

(Conrad de Haimbourg, mort en 1360, Dreves, *Analecta Hymnica Medii aevi* t. III, pp. 46-47, traduction Spitzmüller, extrait, cité dans *La poésie latine chez les chartreux*, par Dom Augustin Devaux, *Analecta cartusiana*, Salzbourg, 1997, pp. 57-61.)

10

Effusion du cœur
pour la purification de soi

Office de la Passion, à matines

Seigneur Jésus-Christ, ami le plus fidèle,
Voilà que je t'offre cet amour
Et le désir d'endurer par lequel
Tu as montré librement à tes ennemis
La liberté de t'arrêter.
Voilà que je t'offre les liens, les coups,
Les reproches, les injures, les blasphèmes,
Les soufflets, les crachats, les coups
De poing et toutes les nombreuses
Autres ignominies que tu as endurées
Pendant toute la nuit dans la demeure
D'Anne et de Caïphe, lorsque tu fus livré
Par les Juifs, renié trois fois par Pierre,
Condamné par les très vils Scribes
Et Pharisiens, qui t'ont revêtu et raillé.
Seigneur Jésus-Christ, je t'adore
Et je te rends grâce, et je m'offre
En honneur à ton bon plaisir,
Suppliant d'être rempli de ta grâce,
Qu'elle détruise tous mes péchés,

Qu'elle fasse mourir tout amour-propre et
Chaque défaut, qu'elle purifie tout sentiment,
Toute pensée et toutes mes affections,
Qu'elle m'entraîne, me fasse habiter
Et m'établisse en toi.

(Jean-Juste Lansperge, 1489-1543, *Divinis amoris pharetra*, Cologne, 1590, *« Effusiones cordis, septem ad septem horas canonicas »*, extrait, traduction Pascal Pradié osb, pp. 98-99.)

11

Effusion du cœur pour rester humble

Office de la Passion, à prime

Ô Seigneur Jésus-Christ,
Voilà que je t'offre toute l'ignominie
Et l'outrage que tu as endurés pour moi,
Lorsque condamné à mort le matin
Par les Anciens des Juifs, enchaîné et conspué,
Tu as été conduit chez Pilate et Hérode,
Reconduit, accusé, tu te taisais,
Méprisé, tu supportais d'être raillé
Avec ce honteux vêtement.
Hélas, très miséricordieux Jésus,
Je t'offre tous les coups, toute douleur,
Toutes les injustices et tous les blasphèmes,
Je t'adore et je te rends grâce pour tout cela,
Te suppliant par ton immense bonté
De répandre en mon cœur la plus parfaite
Humilité, par laquelle je déteste
Et refuse toute gloire et tout honneur
Et connais ma propre misère,
Me méprisant moi-même
Et chérissant le mépris de moi-même.

Doux Jésus, fais que je désire
Et que je me réjouisse de tout mon cœur
De ne pas être connu, d'être méprisé,
De ne compter pour rien
Et de souffrir les outrages.

(Jean-Juste Lansperge, 1489-1543, *Divinis amoris pharetra*, Cologne, 1590, *« Effusiones cordis, septem ad septem horas canonicas »*, extrait, traduction Pascal Pradié osb, pp. 99-100.)

12

Effusion du cœur en offrande modeste

Office de la Passion, à tierce

Ô Seigneur Jésus, voilà que je t'offre
La nudité de ton corps très pur
Et très innocent, la modestie de ton cœur,
Les douleurs les plus aiguës de ton corps,
Les angoisses de ton cœur,
Lorsque vers la troisième heure,
Ton corps nu, lié à la colonne, flagellé,
Déchiré, blessé à plusieurs reprises,
Revêtu du vêtement de pourpre,
Couronné d'épines, a été salué,
Adoré, moqué, et a reçu
En partage des soufflets et un roseau.
Tourné ainsi en dérision,
Blessé misérablement, affligé,
Défiguré par les crachats et le sang,
Contemplé par le peuple que tu guidais,
Et par qui tu as été condamné à la croix
Avec haine et fureur, a été réclamé
Devant le tribunal face au bandit innocenté,
Condamné à être conduit au Calvaire

En portant la croix. Là, rencontrant ta mère,
Tu as été arraché à tes amis en pleurs,
Tu as été moqué et frappé, jusqu'à ce que
Tes forces t'abandonnant au milieu des coups,
Des marques cruelles, tu t'es écroulé
Sous la croix dans les gémissements
Et les soupirs, sous les yeux de ta mère.

(Jean-Juste Lansperge, 1489-1543, *Divinis amoris pharetra*, Cologne, 1590, *« Effusiones cordis, septem ad septem horas canonicas »*, extrait, traduction Pascal Pradié osb, p. 100.)

13

Effusion du cœur pour obtenir la patience

Office de la Passion, à tierce

Très miséricordieux Jésus,
Je t'offre tous les outrages
Et les moqueries, toutes les marches pénibles
De tes pieds, toutes les amères paroles
De ceux qui te faisaient des reproches,
Tous les coups, toute meurtrissure
Et douleur de ton corps.
Et je te rends grâce pour tout cela,
Je t'adore et te supplie
Par l'effusion de ton sang béni,
Par ton immense amour,
Avec lequel tu nous aimes,
De m'accorder la plus parfaite patience,
Le désir de souffrir, afin qu'en toute adversité
Et tout affront, en toute souffrance
Et oppression, je te loue,
Je te rende grâce,
Et que j'abandonne tout pour toi,
Du plus profond de mon cœur.

Dans une parfaite abnégation de moi-même,
J'offre ton bon plaisir en toute chose.

(Jean-Juste Lansperge, 1489-1543, *Divinis amoris pharetra*, Cologne, 1590, *« Effusiones cordis, septem ad septem horas canonicas »*, extrait, traduction Pascal Pradié osb, pp. 100-101.)

14

Stabat Mater

Office de la Passion, à sexte

Ô Seigneur Jésus-Christ,
Voilà que je t'offre la nudité de ton corps,
La répétition des douleurs et des blessures,
L'étirement des membres,
La crucifixion des mains et des pieds,
Le brisement des articulations,
Et l'effusion de ton précieux sang,
Par tout cela tu es mort sur le Calvaire
Vers la sixième heure, toi Jésus,
Le plus aimable, quand élevé sur la croix
Entre les larrons, méprisé par ceux qui passaient
Et ceux qui t'accablaient de reproches,
Insulté par un des larrons,
Tandis que l'autre implorait son pardon,
Tu priais le Père pour tes ennemis,
Tu promettais le paradis au coupable
Repentant, tu confiais au disciple

Ta mère consumée de douleur
Qui se tenait au pied de la croix.

(Jean-Juste Lansperge, 1489-1543, *Divinis amoris pharetra*, Cologne, 1590, *« Effusiones cordis, septem ad septem horas canonicas »*, extrait, traduction Pascal Pradié osb, p. 101.)

15

Effusion du cœur pour obtenir la charité

Office de la Passion, à sexte

Très miséricordieux Jésus,
Je t'adore et je te rends grâce
Pour toutes ces peines,
Ces gémissements, ces tristesses,
Ces écrasements, ces crucifixions
Tant extérieures qu'intérieures,
Et je te supplie par chaque goutte
De ton sang vermeil de n'être
Jamais séparé de toi ou de ne me jamais
Détourner de toi, mais crucifie en moi
Ce qui doit l'être, blesse-moi du clou
De la plus ardente charité.
Fais que mes yeux
Ne perdent jamais la mémoire et l'image
De ta douloureuse crucifixion, laquelle
Blessera mon cœur, m'enivrera, m'absorbera,
Me transformera profondément en toi.

(Jean-Juste Lansperge, 1489-1543, *Divinis amoris pharetra*, Cologne, 1590, *« Effusiones cordis, septem ad septem horas canonicas »*, extrait, traduction Pascal Pradié osb, pp. 101-102.)

16

Le serviteur souffrant

Office de la Passion, à none

Ô Seigneur Jésus-Christ, je t'offre
La lamentable angoisse de ton cœur
Et de tous tes membres,
Ainsi que ton écrasement et ta déréliction,
Quand, privé de toute consolation,
Trahi, accablé de peines de tout côté,
Complètement blessé, totalement rejeté,
Frappé par Dieu tel un lépreux,
Considéré comme le dernier des hommes,
Sans aspect ni beauté, de l'extrémité
Des pieds au sommet de la tête,
Il n'y avait en ton corps aucune partie intacte,
Mais cloué immobile sur la croix,
Privé de toute consolation,
Vers la neuvième heure,
Tandis que même les éléments se lamentaient,
Tu criais vers ton Père en disant :
« Éli, Éli, lama sabachtani »,
Brûlant fortement de soif,
Sans obtenir une goutte, au milieu des larmes,

Avec un grand cri, tu t'es confié
En t'offrant au Père, et, inclinant la tête,
Tu as rendu l'esprit.

(Jean-Juste Lansperge, 1489-1543, *Divinis amoris pharetra*, Cologne, 1590, *« Effusiones cordis, septem ad septem horas canonicas »*, extrait, traduction Pascal Pradié osb, p. 102.)

17

Effusion du cœur pour s'unir au Christ

Office de la Passion, à none

Très doux Jésus,
Je t'adore et je te rends grâce
Par toutes tes plaies,
Blessures et douleurs,
Par la plus amère des morts,
Par le déchirement de ton cœur vivifiant,
Par la séparation de ton corps
De ton âme la plus sainte,
Par le percement de ton côté,
Et la déchirure de ton cœur,
Par l'écoulement du sang et de l'eau,
Par l'anéantissement victorieux
Et le triomphe de ton obéissance
Qui donne la vie, je te supplie
De mourir au monde et à tous ses désirs,
Ses vices, et toutes choses désordonnées,
Qui te déplaisent, et que je vive
Pour toi seul, je ne sente que toi seul,
Que j'adhère à toi seul,
Je ne devienne conforme qu'à toi seul

Et que je sois uni inséparablement
À toi seul pour l'éternité.

(Jean-Juste Lansperge, 1489-1543, *Divinis amoris pharetra*, Cologne, 1590, « *Effusiones cordis, septem ad septem horas canonicas* », extrait, traduction Pascal Pradié osb, pp. 102-103.)

18

Effusion du cœur pour la réconciliation

Office de la Passion, à vêpres

Ô Seigneur Jésus-Christ,
Je t'offre maintenant la triste
Déposition de ton corps de la croix,
L'angoisse de ta mère
Te recevant dans ses bras,
Et la douleur de tes amis,
La tristesse de ceux qui pleuraient.
Je t'adore et je te rends grâce
Pour tout cela, et je te prie, Seigneur
Mon Dieu, de répandre en mon cœur
La plus parfaite humilité, douceur,
Patience, docilité, compassion
Et la plus parfaite charité pour tous
Et surtout à l'égard des ennemis ;
Fais que mon âme, en sortant de ce corps,
Par les mérites de ta Passion,
Et par toutes tes souffrances,
Soit trouvée toute pure et sans tache,
Entièrement réconciliée avec toi,

Te plaisant et totalement agréable,
Et aille sur-le-champ vers ta joie.

(Jean-Juste Lansperge, 1489-1543, *Divinis amoris pharetra*, Cologne, 1590, *« Effusiones cordis, septem ad septem horas canonicas »*, extrait, traduction Pascal Pradié osb, p. 103.)

19

Effusion du cœur pour la paix de l'Église

Office de la Passion, à complies

Ô Seigneur Jésus-Christ, je t'offre
Le sinistre ensevelissement de ton corps,
Oint d'aromates et enveloppé du linceul,
La tristesse de tes amis
Et la restitution à ta mère,
La douleur et la peine
De la très aimante Madeleine,
Le brûlant désir de ta mère attendant
Ta résurrection d'une foi certaine,
Après ton dernier soupir,
La joie exultante de ta présence
Pour les saints attendant dans les limbes,
Ton triomphe. Pour tout cela je t'adore,
Je te rends grâce, et par ta bonté,
Je te supplie d'avoir pitié de ton héritage
Que tu as racheté
De ton sang très précieux,
D'accorder à ton Église la réforme
Et la paix, ton amour
Et le salut à tous les vivants,

Le repos aux défunts, la grâce
À nous tous, et après cette vie misérable,
La bienheureuse vie éternelle.

(Jean-Juste Lansperge, 1489-1543, *Divinis amoris pharetra*, Cologne, 1590, *« Effusiones cordis, septem ad septem horas canonicas »*, extrait, traduction Pascal Pradié osb, p. 104.)

Prières de la liturgie

20

Offertoire

Mon Dieu, jusqu'ici je n'ai que prié.
Une messe n'est pas une prière ordinaire,
C'est une prière très particulière
Qui s'appelle un sacrifice.
Les prières que je viens de faire
Ont élevé mon âme jusqu'à vous,
Elles m'ont mis à votre hauteur,
Elles m'ont préparé au sacrifice.
Maintenant je dois et je veux l'accomplir.
Que puis-je vous sacrifier ?
Le pain sur la patène d'or,
Le vin dans la coupe du calice
Ne vous attirent pas par leur valeur propre :
Vous les agréez parce qu'ils vont devenir
Votre Corps et votre Sang,
Et surtout parce que sous cette forme
Vous pouvez donner libre cours
Au désir immense qui vous consume
De vous unir à nous
Et de nous transformer en vous.

Je vous offre avec moi tous ceux que j'aime ;
Faites de nous tous un seul corps
Et une seule âme dans l'immense unité
De votre Être infini et de votre Amour.

(Dom Augustin Guillerand, 1877-1945, *Liturgie d'âme, « Offertoire »*, extrait, Rome, Benedettine di Priscilla, 1959, pp. 37-39.)

21

Secrète

(prière prononcée en silence
à la fin de l'offertoire)

Dieu approche ; or en face de lui
Les mots sont impuissants
Et le mouvement des lèvres distrait.
Seul le langage d'âme, sans bruit,
Peut rejoindre ce Fils qui va descendre
Sur l'autel et qui est le Verbe du Père.
Je vais prier en silence ; je vais me taire,
Je vais jeter sur lui un regard de foi
Confiante et aimante
Dans le fond de mon âme,
Sur cet autel intime où le Père
Le prononce.
Je vais m'unir à cette Parole du Père ;
Je vais me livrer à elle et au Père
Qui la prononce pour entrer
Dans les divins rapports qui sont
Leur vie et leur joie infinies.

Maintenant vous allez venir
Vous-même ;

Vous allez vous donner comme
Le soleil dans un ciel limpide.

(Dom Augustin Guillerand, 1877-1945, *Liturgie d'âme, « Secrète »*, extrait, Rome, Benedettine di Priscilla, 1959, pp. 40 et 41.)

22

Le pain eucharistique

Donnez-nous la nourriture, Seigneur,
Comme vous l'avez promis à la postérité
De notre père Jacob, rassasiant tout vivant
De votre bénédiction spirituelle,
De la rosée du ciel et de la grasse fertilité
De la terre, de l'abondance de votre blé,
Votre vin et votre huile.
Le blé est votre chair, le vin votre sang,
L'huile l'Esprit Saint.

Telle est pour nous la bénédiction
De la rosée du ciel : par elle notre terre,
Jadis maudite dans le travail d'Adam,
Est rendue fertile.
Mais Adam n'a jamais semé
Dans la terre la semence de ce blé.
La rosée du ciel, en effet, est descendue
Comme la pluie sur la toison, comme
La bruine sur la terre : dans la Vierge,

Comme la pluie ; sur les peuples,
Comme la bruine.

Ô pleine de grâce, tous les peuples
De la terre sont bénis par la fécondité
De votre sein. La grâce est descendue
En vous comme la pluie du plus haut du ciel.

(Guigues II le chartreux, mort en 1188, *Lettre sur la vie contemplative, douze méditations*, « méditation VIII », éd. Edmund College, James Walsh et un chartreux, Paris, 2001, éditions du Cerf, « Sources chrétiennes », n° 163, p. 95.)

23

Affections et prières

Au Sang précieux de Jésus-Christ

Ô sang précieux de la vie éternelle,
Prix et rachat de tout l'univers,
Bain salutaire et breuvage de nos âmes ;
Vous qui plaidez sans cesse la cause
Des hommes devant le trône
De la miséricorde divine,
Je vous adore humblement, et je voudrais
De tout mon pouvoir compenser les injures
Et les outrages que vous recevez
Continuellement des hommes.

Qui ne bénirait ce Sang d'une valeur infinie ?
Qui ne se sentirait enflammé d'amour
Pour Jésus qui l'a répandu ?
Moi-même, que serais-je, si je n'avais
Été racheté par ce Sang divin ?

Ô sang précieux, ô amour immense
Qui nous avez donné ce baume salutaire !
Faites, de grâce, faites que tous les cœurs,

Que toutes les langues vous puissent louer,
Exalter et remercier, maintenant et toujours.

(Dom Gabriel-Marie Fulconis, 1816-1888, *L'âme sainte embrasée d'un ardent amour pour Jésus et Marie*, traduit par A. Fourot, Montreuil-sur-Mer, 1892, p. 71.)

24

Premières affections après la communion

Je voudrais vous pouvoir rendre,
Mon Seigneur,
Des actions de grâces
Et des louanges infinies,
Pour cette grande grâce
Que votre sainte miséricorde
M'a faite de vouloir bien visiter
La demeure d'un cœur si impur
Qu'est le mien.
Venez-y avec le Père,
Venez-y avec le Saint Esprit,
Établissez votre demeure chez moi.

Éclairez-moi de la clarté
De votre lumière
Afin que je vous connaisse et
Et qu'en vous connaissant
Je conçoive un respect
Tel que je le dois à votre Majesté,

Je rende bien mes adorations à votre Divinité
Et que j'embrasse votre humilité.

(Dom Innocent Le Masson, 1628-1703, *Directoire des novices chartreux*, Avignon, Aubanel, 1867, p. 75.)

25

Autres affections après la communion

Faites rejaillir sur moi
Votre lumière et votre vérité,
Afin que l'une et l'autre
Reluisent sur mon cœur,
Qui n'est qu'une terre vide
Et infructueuse,
Jusqu'à ce que vous l'ayez éclairé.

Donnez-moi les eaux de la dévotion
Pour arroser la face de cette terre,
Afin qu'elle produise de bons fruits.

Attachez-moi à vous
Par les liens inséparables
De votre dilection, car vous seul
Suffisez à un cœur qui aime ;
Et toutes les consolations
Qui ne viennent pas de vous
Ne sont pas de durée ;
Mais elles sont vaines et frivoles.

L'unique fond de mon espérance
Et de ma consolation
Sera d'avoir recours à vous dans toutes
Les tribulations de la vie
Et de m'abandonner entièrement
À votre bonté et à votre sainte Providence.

(Dom Innocent Le Masson, 1628-1703, *Directoire des novices chartreux*, Avignon, Aubanel, 1867, pp. 76-77.)

26

Nativité, engendrement divin de l'homme

Dieu soit béni, âme pieuse,
Et qu'en ce saint temps où nous
Célébrons le mystère de la naissance
De son Fils, il produise en nous
Des impressions de grâce qui rendent
À notre conscience ce témoignage précieux
Dont parle l'apôtre saint Jean : « Que nous
Sommes appelés et que nous sommes
Les enfants de Dieu. »
Ce témoignage n'est pas seulement doux
Et consolant, mais encore
Il rassasie l'âme et la fortifie pour
L'élever au-dessus de toutes les créatures.

Prions le Seigneur qu'il nous le fasse
Ressentir intimement, et que jamais
Nous ne fassions rien qui s'y oppose
Ou qui tende à l'extirper de nos cœurs.

(Dom Innocent Le Masson, 1628-1703, *Avis spirituels et méditations*, vol. 2, Tournai, Notre-Dame des Prés, 1911, p. 672.)

27

Invocation de Noël

Le Verbe divin, venu pour nous sauver
Et nous ramener à son Père,
Se révèle à nous sous la forme d'un enfant
Nouveau-né.
Il remet en ordre, par son abaissement,
Ce que la chute avait renversé.
La suprême grandeur se fait humaine
Sous la forme la plus humble
Pour nous tendre les mains ; elle vient
Nous chercher dans l'état où nous sommes,
Faibles au suprême degré,
Pour nous faire espérer le salut
Et le don surnaturel.

La naissance du Christ dans la nuit
Et la déréliction est le vrai moment
Crucial de l'histoire.

Par la révélation de Noël,
Le Père céleste nous invite
À participer à l'action rédemptrice.

(Dom Jean-Baptiste Porion, 1899-1987, *sermon pour Noël : Le Verbe s'est fait chair et il a habité parmi nous*, extrait d'un sermon inédit.)

28

Prière sur la Résurrection du Christ

Toi qui es notre créateur, notre salut,
Jésus-Christ, notre libérateur,
Notre secours, notre chef,
Notre législateur, toi qui, par ta Passion,
Es devenu pour nous récompense
Et rédemption, Vie et salut, toi
Qui t'es présenté pour nous comme exemple,
Et qui as promis
Que tu serais notre récompense,
Souviens-toi de la joie de ceux
Que tu as obtenus par ta mort triomphante
Et en accomplissant notre rédemption :
Lorsqu'en relevant ton corps,
Tu es ressuscité glorieux et immortel ;
Lorsque tu es aussi apparu à ta mère
Qui t'attendait pleine de désir
Comme un fils très aimant,
À Marie-Madeleine tel un époux,
Ainsi qu'à tes disciples

Comme le maître le plus doux
Pendant que tu montais au Ciel
Sous leurs yeux et que tu as rempli
Leurs cœurs de ton Esprit saint.

(Jean-Juste Lansperge, 1489-1543, *Divinis amoris pharetra*, Cologne, 1590, *« De Resurrectione Christi »*, extrait, traduction Pascal Pradié osb, pp. 139-140.)

29

Louange
au Christ ressuscité

Pour tout cela, je te loue,
Je te bénis, je t'adore et je te rends grâce,
Suppliant ta majesté de m'enflammer
D'un amour inextinguible,
Que tu me confirmes par ta grâce
Pour n'être jamais séparé de toi,
Que tu règnes en moi et me possèdes,
Et me conduises par une mort heureuse
De cette vie dans la vie éternelle.
Toi qui es le plus miséricordieux,
Le meilleur, le plus aimable, le plus doux,
Je m'offre à toi et lorsqu'il te plaira,
Reçois mon âme dans la paix.
J'irai vers toi Seigneur, mon Dieu,
Sans fin je demeurerai avec toi,
Et je te demande la même chose
Pour tous ceux que tu as rachetés

De ton sang,
Dieu notre doux Seigneur. Amen.

(Jean-Juste Lansperge, 1489-1543, *Divinis amoris pharetra*, Cologne, 1590, « *De Resurrectione Christi* », extrait, traduction Pascal Pradié osb, pp. 139-140.)

Prières à Marie

30

Marie, fiancée de Joseph

Contemplons comment Notre Dame,
À ses quatorze ans, a été retirée du temple
Et elle a été donnée pour épouse
À saint Joseph.
Et comment elle a passé sa vie avec
Son époux en grande humilité, en
Très grand amour et chasteté.
Et comment elle est l'épouse du Roi éternel,
Qui, à plusieurs reprises, avait été annoncée
Et figurée dans les Écritures saintes.

Et, considérant sa dévotion, sa chasteté
Et son humilité, tâchons de l'imiter,
Et demandons lui que, par ses mérites,
Elle nous aide à vivre et à être
Près de notre époux, notre maître
Et rédempteur, Jésus-Christ, son fils.

(G. Gorricio de Novara, mort en 1515, *Contemplaciones del Rosario de Nuestra Senora*, extrait, IIe partie, chapitre I ; folio LIV r. incunable de Séville, traduction inédite de Santiago Cantera Montenegro.)

31

Prière à la Vierge
la plus pure

Ô la plus pure, la plus noble
Et la plus belle de toutes les vierges,
Très digne mère de Dieu, Marie,
Je te supplie par ta très profonde humilité,
Ta très sainte et ta très chaste pureté,
Par ta très fervente charité,
Et par tous les dons, grâces
Et vertus dont Dieu t'a ornée,
Pour être sa plus digne mère,
Reçois-moi comme un fils
Sous ta protection
Et l'amour de ton cœur maternel,
Malgré mon indignité, et obtiens-moi
De t'aimer très saintement et très chastement ;
Obtiens-moi la plus parfaite humilité,
La plus parfaite chasteté,
La plus parfaite charité,

Et toutes les autres vertus
Par lesquelles tu as plu à Dieu.

(Jean-Juste Lansperge, 1489-1543, *Divinis amoris pharetra*, Cologne, 1590, « *Pharetra ad Mariam virginem matrem* », traduction Pascal Pradié, osb, pp. 66-67.)

32

Prière à la Vierge
la plus miséricordieuse

Implore même pour moi
Que, par une singulière
Miséricorde de ton Fils,
Par les mérites de sa Passion
Et par une intarissable contrition
De mes péchés, je mérite en cette vie
D'être purifié de tous mes vices
Et de tous mes péchés,
Pour qu'après cette vie,
Je reçoive sans retard la vie éternelle.
C'est pourquoi, ô très douce souveraine
De miséricorde, obtiens-moi de toujours
Supporter le plus patiemment possible,
Et en rendant grâce, toute adversité
Qui surviendrait,
Et de dépenser selon ton bon plaisir
Toutes les forces de mon corps

Et de mon âme, tous les instants de ma vie
Pour la louange et la gloire de ton Fils.

(Jean-Juste Lansperge, 1489-1543, *Divinis amoris pharetra*, Cologne, 1590, *« Pharetra ad Mariam virginem matrem »*, traduction Pascal Pradié, osb, pp. 66-67.)

33

La robe de la Vierge

(Parure de lumière)

Salut, plus pure que le soleil,
Plus belle que la pleine lune,
Ô resplendissante Marie,
Plus brillante que la lumière du monde,
Plus aimable que toutes les étoiles,
Ô digne de pieuse louange.

En toi, Soleil de grâce,
Le Christ, soleil de justice,
A brillé de façon merveilleuse,
Lui dont la lumière de joie
A mis en fuite les ténèbres
De la tristesse et de la mort.

Toi, soleil plus éclatant que tout,
Qui ignores la nuit,
Tu es vêtue de soleil
Et les vraies joies de la lumière

Sont notre guide
Par ton entremise, ô Bénie.

(Dom Conrad de Haimbourg, mort en 1360, Dreves, *Analecta Hymnica Medii aevi*, t. III, pp. 21-22. Traduction H. Spitzmüller, *Poésie latine chrétienne du Moyen Âge*, pp. 1025-1029, cité dans *La poésie latine chez les chartreux*, par Dom Augustin Devaux, *Analecta cartusiana*, Salzbourg, 1997, p. 35.)

34

La robe de la Vierge

(Parure de consolation)

Fais fondre les cœurs secs,
Fortifie les mous,
Attendris les durs,
Assèche ceux qui ruissellent,
Réchauffe ceux qui sont froids,
Sauve ceux qui vont périr.

Dirige ce qui dévie et redresse-le
Conforte ce qui est faible,
Réchauffe ce qui va naître,
Excite la vigueur,
Emporte les fumées,
Fais l'épreuve de ce qui va demeurer.

Tout comme le soleil brillant,
Délicieux à voir,
Te fait don d'une robe,
Ainsi font la lune changeante

Et le monde instable que tu foules
Après l'avoir vaincu.

(Dom Conrad de Haimbourg, mort en 1360, Dreves, *Analecta Hymnica Medii aevi*, t. III, pp. 21-22. Traduction H. Spitzmüller, *Poésie latine chrétienne du Moyen Âge*, pp. 1025-1029, cité dans *La poésie latine chez les chartreux*, par Dom Augustin Devaux, *Analecta cartusiana*, Salzbourg, 1997, pp. 35 et 37.)

35

Marie, torrent de grâce

Petit psautier de Marie

Salut, Vierge des Vierges,
Soleil, honneur du monde,
Vers toi clament sans cesse
La foule, tous les peuples.

Arrache-nous aux maux,
Nous que sur les chemins
Moraux a égarés l'attrait
De tous les vices.

Salut, torrent de grâce,
Torrent né d'une eau vive,
Torrent dont sont issus
Des fleuves opulents.

Donne-moi soif de Dieu,
Plus que je n'eus jamais,

Tandis que je courais
Dans les forfaits du monde.

(Dom Henri Egher de Kalkar, 1328-1408, *Petit psautier de Marie*, inséré par Lansperge dans ses *Hymni Christiformes*, n° 42, *Opera*, Montreuil-sur-Mer, 1890, t. V, p. 430, dans *La poésie latine chez les chartreux*, éd. Dom Augustin Devaux, *Analecta cartusiana,* Salzbourg, 1997, p. 81.)

36

Marie, joie de notre vie

Petit psautier de Marie

Salut, ô notre joie,
Notre espoir, notre vie ;
Toi par qui les remèdes
Sont venus aux malades.

Tu n'as pas oublié
Le sort commun des tiens :
Mène-nous aux provendes
De la vie éternelle.

Salut, fonts de clémence,
Ruisselet de pardon,
Par qui nous est rendu
Le chant qui nous fait vivre.
Oh ! libère-nous tous
Et de coulpe et de peine ;
Conduis-nous aux bonheurs
De la patrie du ciel.

(Dom Henri Egher de Kalkar, 1328-1408, *Petit psautier de Marie*, inséré par Lansperge dans ses *Hymni Christiformes*, n° 42, *Opera*, Montreuil-sur-Mer, 1890, t. V, p. 430, dans *La poésie latine chez les chartreux*, éd. Dom Augustin Devaux, *Analecta cartusiana,* Salzbourg, 1997, p. 81.)

37

Marie, mère d'intercession

Petit psautier de Marie

Salut, mère et patronne
De toute notre race,
Ô toi qui entre tous
Détiens les biens de grâce.

Par tes saintes prières
Et tes mérites, fais
Que notre esprit soit moins
Enclin à faire mal.

Salut, Vierge : reçois
Dans ton cœur ces paroles,
Par lesquelles tant de fois
J'ai demandé pardon.

Si souvent j'ai redis
Ce Salut si suave !

Fais-moi, ô Notre Dame,
De tout malheur indemne.

(Dom Henri Egher de Kalkar, 1328-1408, *Petit psautier de Marie*, inséré par Lansperge dans ses *Hymni Christiformes*, n° 42, *Opera*, Montreuil-sur-Mer, 1890, t. V, p. 430, dans *La poésie latine chez les chartreux*, éd. Dom Augustin Devaux, *Analecta cartusiana,* Salzbourg, 1997, p. 81.)

38

Marie, Mère du salut

Ave, Mère de tout salut,
Épouse du Christ entre toutes,
Écoute, claire étoile en mer ;
Écoute, pleine de la grâce.

Bénie es-tu dans tous les cieux,
Toi, du Christ la Mère fidèle ;
Notre avocate, que tu veuilles
Être pleine de toutes grâces.

À tous tu es toujours amène,
Ô douce Vierge, ô très sereine ;
Tu es remplie de tous les dons,
Ô Dame de toute beauté.

Des anges tu fus saluée,
Bonne Mère, à tous agréable,
Demeurée Vierge ayant conçu ;
Salut, ô Mère de la grâce.

(*Bréviaire de la chartreuse Saint-Barthélemy de Trisulti*, Ms. Vatican 7683, Dreves, *op. cit.*, t. XLVI, p. 201, dans *La poésie latine chez les chartreux*, éd. Dom Augustin Devaux, *Analecta cartusiana,* Salzbourg, 1997, p. 155.)

39

Marie, Mère de miséricorde

Allons, mes frères, écoutez :
Invoquez une telle Mère
Dans toutes vos nécessités :
Elle est la source du pardon.

Car tu as été dite heureuse,
Mère du Christ toujours bénie ;
Écoute, Vierge : l'on te nomme
La Mère de toute clémence.

Réjouis-toi, lumière du monde ;
Réjouis-toi, ô reine du ciel,
Claire étoile dans le matin,
Fontaine de miséricorde.

Voici celle qui est si belle,
Qui se lève comme l'aurore ;
À toute heure conserve-nous,
Nous t'en supplions aujourd'hui.

(*Bréviaire de la chartreuse Saint-Barthélemy de Trisulti*, Ms. Vatican 7683, Dreves, *op. cit.*, t. XLVI, p. 201, dans *La poésie latine chez les chartreux*, éd. Dom Augustin Devaux, *Analecta cartusiana,* Salzbourg, 1997, p. 155.)

40

Oraison à la sainte Vierge

Je vous salue, Marie,
Mère du Cœur de Jésus,
Fidèle dépositaire de tous ses sentiments,
Image de sa bonté et de sa charité,
Très digne Sanctuaire du Saint Esprit ;
Je vous supplie, par le Sacré Cœur de Jésus
Fils unique du Père Éternel et le vôtre,
De me secourir en tous mes besoins
Et à l'heure de ma mort.
Faites-moi sentir que vous êtes ma Mère,
En jetant vos yeux de miséricorde
Sur mon cœur pour le garder,
Afin qu'il ne soit plus infidèle
À Celui de votre cher Fils Jésus-Christ,
Qui vit et règne
Avec le Père et le Saint Esprit,
Par tous les siècles des siècles.

(Dom Innocent Le Masson, 1628-1703, *Semaine du Sacré Cœur*, extrait, cité dans *Mois du Sacré Cœur de Jésus, par d'anciens auteurs chartreux*, anthologie de textes réunis par Dom Innocent Le Masson, quatrième édition, Notre-Dame des Prés, 1886, p. 225.)

Prières au Christ

41

Louange au Père
et au Fils d'après l'Apocalypse

Tu scruteras et reins et cœurs ;
Tu feras donner à chacun,
Ô Dieu, ce qu'il méritera,
Selon qu'il a vécu pour toi.
Que mon âme soit ta demeure !

Fais-nous ces guetteurs vigilants ;
Rends nos actes pleins devant toi,
Ô Créateur. Souvenons-nous
De tes dons et répondons-y,
Puisque tu es notre Sauveur.

Tu revêtiras le vainqueur
De blanc et au livre de vie
Ne l'oublieras ni le bifferas,
Mais bien plutôt le diras tien.

Tu détiens, ô Christ saint et vrai,
La clef de David, roi très pur :
Ton cœur toujours entend le mien.

(Denys le chartreux, 1402-1470, *Louange de Dieu d'après l'Apocalypse*, dans *Opera Omnia*, Montreuil-sur-Mer, t. 34, pp. 414-415, extrait, dans *La poésie latine chez les chartreux*, éd. Dom Augustin Devaux, *Analecta cartusiana,* Salzbourg, 1997, p. 113-115.)

42

Louange au Fils, principe unique d'après l'Apocalypse

Tu es le témoin vrai, fidèle,
Ô Jésus, principe des choses ;
Tu es seul à aimer vraiment :
Purifie-nous de tous nos vices.

Donne l'or éprouvé au feu,
Donne l'amour et la sagesse,
Soutiens et aide notre cœur,
Apporte à l'esprit la richesse.

Tu es à la porte de l'âme,
Tu frappes comme un amoureux,
Tu entres, dès que l'aimé ouvre,
S'il ne dort, et dînes avec lui.

Heureux ceux que tu invitas
Au festin des noces célestes ;
Ô Christ, car ils sont bien aimés
De toi, fontaine de la grâce.

(Denys le chartreux, 1402-1470, *Louange de Dieu d'après l'Apocalypse*, dans *Opera Omnia*, Montreuil-sur-Mer, t. 34, pp. 414-415, extrait, dans *La poésie latine chez les chartreux*, éd. Dom Augustin Devaux, *Analecta cartusiana,* Salzbourg, 1997, pp. 115, 117 et 121.)

43

Sept hymnes sur la Passion du Christ

À l'heure de matines

Voilà l'heure de nous lever :
Il faut pleurer avec Jésus
Qui maintenant couvert de sueur
Se lève anxieux pour prier.

Jésus, quel amour t'a vaincu
Pour venir au-devant de nous,
Pour te livrer aux ennemis
Qui te cherchaient pour te tuer ?

Agneau captif, ils te déchirent,
En loups féroces ils te frappent ;
Tes disciples t'ont laissé là
Et les méchants t'emmènent, lié.

Ah ! Nuit où le soleil sombra,
Où l'injustice bouillonna !

Ah ! Jésus, si plein de bonté,
Ô toi, mon unique salut,
Accorde-moi un cœur tout pur.

(Dom Jean Gerecht dit Juste Lansperge, 1489-1543, *Hymni Christiformes*, n°s 5-10, *Opera Omnia*, extraits, Montreuil-sur-Mer, 1890, t. V, pp. 402-403, dans *La poésie latine chez les chartreux*, éd. Dom Augustin Devaux, *Analecta cartusiana,* Salzbourg, 1997, p. 247.)

44

Sept hymnes sur la Passion du Christ

À l'heure de prime

Conduit dès l'aube au tribunal,
L'on t'accuse de force crimes ;
Mais en silence tu le souffres
Et l'on t'envoie devant Hérode.

Le roi te fait maintes questions,
Tu te tais et il te méprise ;
Il te renvoie devant Pilate,
Vêtu comme un fou par mépris.

On te ramène les mains liées
Parmi les coups et les injures ;
On t'insulte, la foule crie
Et ta Mère affligée te suit.

Jésus, donne-moi d'être doux,
Humble, chaste, d'aimer prier ;

Que je pense bien du prochain,
Qu'en tout je le préfère à moi.

(Dom Jean Gerecht dit Juste Lansperge, 1489-1543, *Hymni Christiformes*, nos 5-10, *Opera Omnia*, extraits, Montreuil-sur-Mer, 1890, t. V, pp. 402-403, dans *La poésie latine chez les chartreux*, éd. Dom Augustin Devaux, *Analecta cartusiana,* Salzbourg, 1997, p. 249.)

45

Sept hymnes
sur la Passion du Christ

À l'heure de tierce

Hélas ! Que le mépris fut grand !
Jésus, le gouverneur, à tierce,
Te compare avec un brigand,
Et le peuple t'estime pire !

Ligoté, nu, tu es frappé
Des fouets et déchiré des verges ;
Tout blessé, tu deviens livide,
Ton sang rouge s'épand par flaques.

La pourpre du manteau te raille,
La couronne d'épines point ;
On frappe, on crache, on t'injurie,
On demande ta mise en croix.
Ta Mère voit ton affliction,
La douleur a brisé son cœur.

Jésus, qu'à tout je te préfère,
Fais qu'en toi je puisse accepter

Tristesse et épreuve avec joie
Et supporter tout doucement.

(Dom Jean Gerecht dit Juste Lansperge, 1489-1543, *Hymni Christiformes*, n°s 5-10, *Opera Omnia*, extraits, Montreuil-sur-Mer, 1890, t. V, pp. 402-403, dans *La poésie latine chez les chartreux*, éd. Dom Augustin Devaux, *Analecta cartusiana,* Salzbourg, 1997, p. 251.)

46

Sept hymnes sur la Passion du Christ

À l'heure de sexte

Avant midi le gouverneur
Te fait comparaître, très humble,
Il te juge bien innocent
Et pourtant t'envoie au supplice.

Tu vois qu'on prépare la croix,
On t'étend sur elle et tu tends
Les mains et les pieds sous les clous :
C'en est fait, on te crucifie.
Au larron tu accordes grâce
Au Père tu remets ton âme.

Jésus, fais que je quitte tout,
Que je me méprise moi-même,
Que, dépouillé, je t'aime seul,
Que, crucifié, j'adhère à toi.

Que tes larmes, que tes blessures,
Que tes peines, que tes opprobres,

Que tes gémissements, ô Christ,
S'impriment au fond de mon cœur.

(Dom Jean Gerecht dit Juste Lansperge, 1489-1543, *Hymni Christiformes*, n°s 5-10, *Opera Omnia*, extraits, Montreuil-sur-Mer, 1890, t. V, pp. 402-403, dans *La poésie latine chez les chartreux*, éd. Dom Augustin Devaux, *Analecta cartusiana,* Salzbourg, 1997, p. 251-253.)

47

Sept hymnes sur la Passion du Christ

À l'heure de none

Jésus, que fortement tu aimes,
Écartelé par les souffrances,
Torturé par les plaies des fouets,
Le corps taraudé par les clous,
La tête blessée par les épines,

Tes membres livides se rompent,
Tes nerfs trop tendus se relâchent,
Aussi ton sang rouge ruisselle,
Ta douleur croît toujours, aiguë.

Tu te remets aux mains du Père
Et tu expires dans un cri.
Jésus, le plus aimant des rois,
Purifie-moi avec ton sang,
Blesse et transforme mon esprit
Et enivre-moi de tes dons.

Fais-moi mourir au monde entier,
M'unir et m'absorber en toi.

(Dom Jean Gerecht dit Juste Lansperge, 1489-1543, *Hymni Christiformes*, n°s 5-10, *Opera Omnia*, extraits, Montreuil-sur-Mer, 1890, t. V, pp. 402-403, dans *La poésie latine chez les chartreux*, éd. Dom Augustin Devaux, *Analecta cartusiana,* Salzbourg, 1997, p. 255-257.)

48

Sept hymnes
sur la Passion du Christ

À l'heure de vêpres

Le soir approche, on te descend
De dessus la croix ; à ta Mère
On te rend, Jésus, et l'on pleure
En t'enveloppant dans le suaire.

Ce fut à ce même moment
Qu'eut lieu le banquet de mystère,
Quand au repas pascal, Jésus,
Tu te fis aliment des tiens.

En nous tu nourris les deux hommes ;
Tu nous donnes dans ton amour
Et ta vraie chair et ton vrai sang
Sous l'espèce de pain et vin.

Jésus, tu es notre sauveur,
Notre aliment, notre repas.
Que mon esprit adhère à toi,

Qu'il sache mourir à soi-même,
Et qu'il ait toujours faim de toi,
Et pour te manger, fais-moi simple,
Pieux et chaste et humble aussi.

(Dom Jean Gerecht dit Juste Lansperge, 1489-1543, *Hymni Christiformes*, n°s 5-10, *Opera Omnia*, extraits, Montreuil-sur-Mer, 1890, t. V, pp. 402-403, dans *La poésie latine chez les chartreux*, éd. Dom Augustin Devaux, *Analecta cartusiana,* Salzbourg, 1997, p. 257.)

49

La blessure du Côté du Christ

Ô Jésus, après avoir expiré sur la croix,
Vous avez voulu qu'une lance ouvrît votre Côté
Pour en faire sortir du sang et de l'eau,
Emblèmes des sacrements :
Blessez maintenant, je vous le demande,
Blessez mon cœur de la lance du divin amour,
Afin que je mérite de recevoir
Les sacrements qui découlèrent
De votre très saint Côté.

En faisant ouvrir votre Cœur,
Vous avez entrouvert à vos élus
Les portes de la Vie.
Vous-même êtes cette porte,
Ô Seigneur, et les justes passeront par Elle.

C'est dans le Cœur percé de Jésus
Qu'on est allé prendre notre rançon,
Notre surabondante rançon.
Elle est dans le Cœur de Jésus

Comme dans sa source
Comme dans un trésor secret.

(Ludolphe le chartreux, 1295-1377, *Vita Christi*, extrait, cité dans *Mois du Sacré Cœur de Jésus, par d'anciens auteurs chartreux*, anthologie de textes réunis par Dom Innocent Le Masson au XVIIe siècle, quatrième édition, Notre-Dame des Prés, 1886, pp. 33-34.)

50

Prière à la blessure du pied droit

Très aimable et très doux Jésus-Christ,
À toi louange, honneur et gloire,
Pour la blessure et la douleur
De ton pied droit. Dans cette blessure sacrée,
Je dépose et je te confie tous mes péchés,
Mes vices de propriété et toute ingratitude,
Faiblesse, vulgarité et tout mon néant,
Te suppliant par ta bonté sans mesure
De détruire, de purifier et guérir en moi
Tout cela par ta grâce.
Libère-moi, protège-moi, dirige-moi
Et garde-moi pour toujours de tout péché.

Ô Seigneur Jésus, je t'adore, je te bénis
Et je te rends grâce, toi qui m'as créé
Et qui m'attends jusqu'à maintenant,
Alors que je pèche chaque jour,
Et quoique le plus ingrat,
Tu me réchauffes même de bienfaits.
Toi mon créateur, je te le demande,

Accorde-moi de te connaître,
De te servir fidèlement avec crainte
Et respect, de t'obéir parfaitement et que
Je m'emploie à te plaire de tout mon cœur.

(Jean-Juste Lansperge, 1489-1543, *Divinis amoris pharetra*, Cologne, 1590, *« Exercitium vitae et passionis Christi »*, extrait, traduction Pascal Pradié, osb, pp. 140-141.)

51

Prière à la blessure du Cœur de Jésus

(pour se détacher de soi)

Très aimable et très doux Jésus,
À toi louange, honneur et gloire
Pour la blessure de ton cœur.
Dans cette blessure, j'offre, je confie,
Je te révèle mon cœur,
Toutes mes facultés, mes forces,
Mes intentions et mes affections,
Te demandant par l'effusion de ton sang
Et de l'eau, que toi seul me possèdes
Et me diriges, que tu me consumes du feu
Très ardent de ton amour.

Ô Seigneur Jésus-Christ, je t'adore,
Je te bénis et je te rends grâce
Pour ta mort la plus innocente
Et la plus amère,
Pour la douloureuse séparation
De ton âme très sainte de ton corps
Très noble. Mon Dieu, mon Sauveur,
Mon espérance et ma couronne,

Donne-moi de mourir à tous les vices
Et désirs et à tout amour individuel
Et désordonné, afin de vivre
Et d'adhérer à toi seul éternellement.

(Jean-Juste Lansperge, 1489-1543, *Divinis amoris pharetra*, Cologne, 1590, *« Exercitium vitae et passionis Christi »*, extrait, traduction Pascal Pradié, osb, p. 154.)

52

Prière à la blessure du Cœur de Jésus

(pour un amour plus ardent)

Ô Seigneur Jésus-Christ, je t'adore,
Je te bénis et je te rends grâce
Pour l'amour de cette blessure,
Par laquelle ton cœur transpercé
Nous a offert le sang et l'eau.
Courage, je conjure par cette plaie,
Par la lance de ton amour,
Que mon cœur ne pense ni ne désire
Rien d'autre que toi, Seigneur mon Dieu,
Crucifié pour moi. Rien d'autre ne me plaît,
Rien ne me comble que toi
Mon Dieu, ma joie, ma vie.
Ô Seigneur Jésus-Christ, je t'adore,
Je te bénis, je te rends grâce
Pour la déplorable déposition de ton corps
De la croix et pour la lamentable
Douleur de ta mère et de tes amis.
Puisse la mémoire de ta Passion
Remplir tous mes sens
Et m'absorber totalement

afin de ne rien voir, de ne rien sentir,
De ne rien connaître que toi
Mon Seigneur, crucifié et mort pour moi.

(Jean-Juste Lansperge, 1489-1543, *Divinis amoris pharetra*, Cologne, 1590, *« Exercitium vitae et passionis Christi »*, extrait, traduction Pascal Pradié, osb, pp. 154-155.)

53

Prière à la blessure du Cœur de Jésus

(pour obtenir la pureté de cœur)

Seigneur Jésus-Christ, je t'adore,
Je te bénis, je te rends grâce,
Toi qui as voulu être enseveli
Dans un linceul et reposer
Dans un sépulcre étranger.
Puissent mon cœur, mes sens et
Toutes mes forces être ensevelis en toi,
S'unir à toi par amour, et me rendre
Comme insensible et interdit
À tout ce qui t'est étranger.
Ô Seigneur Jésus-Christ, je t'adore,
Je te bénis, je te rends grâce,
Toi qui as donné ton Esprit Saint
Et envoyé des disciples
Pour la conversion du monde.
Accorde-moi la plus simple pureté du cœur,
L'intarissable stabilité de l'esprit.
Accorde-moi la plus ardente, la plus fidèle
Et perpétuelle charité afin que
L'Esprit Saint m'emplisse, me dirige

Et me possède de sorte
Qu'il me rende digne
Par les dons très abondants de sa grâce.

(Jean-Juste Lansperge, 1489-1543, *Divinis amoris pharetra*, Cologne, 1590, *« Exercitium vitae et passionis Christi »*, extrait, traduction Pascal Pradié, osb, pp. 154-155.)

54

Vivre caché en Christ

Ô mon Jésus bien-aimé,
Que vous m'avez aimé !
Vous avez voulu creuser dans votre corps,
Dans cette Pierre si dure,
D'innombrables trous au fond desquels
Je puis venir me cacher !
Il y a plus, vous m'avez ouvert
Votre Cœur afin que je puisse y entrer
Chaque fois qu'il me plaira.
Et pour qu'il me soit possible
De venir plus sûrement à Vous.
Par votre passion et par vos plaies,
Vous étendez les bras et vous accourez
À ma rencontre, toujours prêt
À me recevoir comme la poule
Accueille ses petits sous ses ailes.
Vous voulez que je vienne,
Vous m'adressez cette invitation :
Âme qui êtes mon amie, venez,
Entrez, ô colombe, entrez dans mes plaies

Et dans la caverne de mon Cœur ;
C'est par ce chemin que vous pourrez
Arriver sans difficulté jusqu'à moi.

(Dom Nicolas Kempf, 1397-1497, extrait, cité dans *Mois du Sacré Cœur de Jésus, par d'anciens auteurs chartreux*, anthologie de textes réunis par Dom Innocent Le Masson au XVIIe siècle, quatrième édition, Notre-Dame des Prés, 1886, p. 66.)

55

Le Cœur aimant de Jésus

Ô mon âme, entre dans le Côté droit
De ton Seigneur crucifié ;
Entre par cette blessure bénie
Jusqu'au fond du Cœur
Tout aimant de Jésus,
Percé d'outre en outre par amour.
Repose-toi dans le creux du rocher
À l'abri des tempêtes du monde.
Entre dans ton Dieu !
Tu as devant toi, couverts d'herbes
Et de fleurs odoriférantes,
Le chemin de la Vie, le sentier du Salut,
Le pont qui mène au Ciel.
Le cœur de Jésus est la source intarissable
De l'huile de la miséricorde
Pour les pécheurs vraiment repentants.
Ce cœur est la source du fleuve divin
Jaillissant au milieu du paradis
Pour arroser la surface de la terre,
Pour étancher la soif

Du cœur humain aride et desséché.
Approche-toi donc
Et prends le breuvage de l'amour
À cette source du Sauveur.

(Anonyme chartreux de Nuremberg, XVe siècle, éd. G. Hochfeder, Nuremberg, 1480, extrait, cité dans *Mois du Sacré Cœur de Jésus, par d'anciens auteurs chartreux*, anthologie de textes réunis par Dom Innocent Le Masson au XVIIe siècle, quatrième édition, Notre-Dame des Prés, 1886, pp. 56-57.)

56

Le Cœur paisible de Jésus

Ô Seigneur Jésus, l'odeur de vos parfums
M'attire à Vous, m'attire en Vous :
Je rejette le poids des affections éphémères
D'ici-bas et je vais à Vous,
Je cours à Vous, je cours après Vous ;
Je place mon nid sur l'autel de votre Cœur,
C'est là que je dépose les enfants de mon âme,
À savoir mes œuvres, mes paroles, mes pensées,
Je les jette en vous et Vous les nourrissez.
Là, sur l'autel de votre Cœur,
Je trouve le port très sûr
que les vents agités ne peuvent jamais troubler ;
Dans votre Cœur je trouve le repos,
À l'abri des tempêtes ; dans votre cœur,
Je trouve une paix profonde
Qu'aucune dissension ne viendra troubler,
Une joie que nulle tristesse ne pourra changer,
Une félicité sans nuages,
Une douceur infiniment douce,
Une sérénité infiniment sereine,

Une béatitude infiniment heureuse :
Dans votre Cœur je trouve le principe premier
De tous les biens, la source primordiale
De toute suavité, de toute sainte allégresse.

(Jean-Juste Lansperge, 1489-1543, extrait, cité dans *Mois du Sacré Cœur de Jésus, par d'anciens auteurs chartreux*, anthologie de textes réunis par Dom Innocent Le Masson au XVIIe siècle, quatrième édition, Notre-Dame des Prés, 1886, pp. 78-79.)

57

Amour du Christ

Très doux Jésus, vous êtes mon seul amour,
Vous êtes mon salut et ma consolation.
Ô très fidèle ami des hommes,
Mon Créateur et mon Rédempteur,
Lumière de mon cœur, repos de mon esprit,
Remède de mon âme : je vous adore,
Divin Réconciliateur des hommes,
Très charitable avocat des pécheurs ;
Vous consolez les affligés, vous soulagez
Ceux qui travaillent et vous donnez
Aux justes leur récompense.
Je vous adore, Jésus,
Hostie pacifique dont la seule odeur,
Par sa suavité, a su incliner charitablement
Vers nous Dieu le Père
Qui réside au plus haut des Cieux,
Et l'a engagé à nous regarder
Avec bonté et miséricorde
Pour nous recevoir en sa grâce.
Voici, ô très miséricordieux Jésus,

Que je vous loue, vous exalte, vous bénis,
Vous glorifie à cause de votre immense
Et inépuisable miséricorde envers nous.

(Jean-Juste Lansperge, 1489-1543, extrait, cité dans *Mois du Sacré Cœur de Jésus, par d'anciens auteurs chartreux*, anthologie de textes réunis par Dom Innocent Le Masson au XVIIe siècle, quatrième édition, Notre-Dame des Prés, 1886, pp. 105-106.)

58

Jésus crucifié, salut du monde

Tous les membres de votre corps
Avaient été brisés et broyés pour nous,
Vous les aviez offerts à Dieu comme
Une Hostie vivante, pure, agréable :
Il vous était difficile de nous prouver
Plus clairement, plus parfaitement
Votre trop grand amour pour nous.
Cependant vous avez encore voulu
Nous ouvrir, nous montrer à découvert,
Le sanctuaire même de l'amour,
L'écrin mystique dans lequel
Ce trésor est renfermé.
Vous nous avez ouvert votre Cœur,
Afin que nous voyions de nos yeux
D'où était sorti
Tout ce que vous aviez fait pour nous.
En ne vous réservant rien,
En vous donnant tout
Et même votre Cœur,
Ne semblait-il pas que vous disiez à chacun :

Ô homme, regardez et voyez
Tout ce que j'ai fait,
Tout ce que j'ai souffert pour votre salut !

(Jean-Juste Lansperge, 1489-1543, extrait, cité dans *Mois du Sacré Cœur de Jésus, par d'anciens auteurs chartreux*, anthologie de textes réunis par Dom Innocent Le Masson au XVIIe siècle, quatrième édition, Notre-Dame des Prés, 1886, p. 108.)

59

Oubli de soi au pied de la Croix

Très doux Jésus,
Vous avez combattu l'horreur
Que vous aviez de la mort
Par une entière résignation.
Vous avez soumis
À l'amour incréé de la Divinité
L'amour tout naturel que vous éprouviez
Pour votre humanité,
Et, avec plein consentement,
Vous avez obéi à votre Père
Jusqu'à la mort de la Croix.
Accordez-moi la même grâce ;
Que je fasse abnégation de ma volonté propre,
Que je m'oublie et me soumette
À Dieu et à toute créature à cause de Vous.

Rendez mon cœur si juste, si droit,
Si pur, si conforme à votre Cœur,
Qu'entre Vous et moi il n'y ait rien
Qui vous déplaise et vous éloigne.

Je veux vous aimer de tout mon cœur.
Amen.

(Dom Jean de Torralba, mort en 1578, extrait, cité dans *Mois du Sacré Cœur de Jésus, par d'anciens auteurs chartreux*, anthologie de textes réunis par Dom Innocent Le Masson au XVIIe siècle, quatrième édition, Notre-Dame des Prés, 1886, pp. 121-123.)

60

Le Cœur du Christ, refuge de l'âme

Ô mon âme, colombe de Dieu, amie de Dieu,
Entrez dans le Cœur ouvert de Jésus,
Dans les trous de la Pierre mystique ;
Personne, à moins que vous ne le vouliez,
Ne pourra vous en faire sortir :
Là, vous sentirez le feu
Qui Le contraignit à vous aimer
D'un si grand amour.
Au travers des flancs déchirés
De votre Rédempteur, vous apercevrez,
Comme au travers d'une grille,
Les trésors de la sagesse
Et de la science divines.
Restez près de votre Dieu.
L'ombre qui descend de l'arbre de la Croix
Est d'une admirable douceur,
Elle toucha le larron et le sanctifia.
Que le souvenir de la Passion
Soit toujours devant vos yeux,
C'est là ce que l'Apocalypse appelle :

Laver ses vêtements dans le sang de l'Agneau ;
Alors vous aurez le pouvoir de toucher
À l'arbre de Vie.

(Dom Laurent Wartenberger, 1591-1667, extrait, cité dans *Mois du Sacré Cœur de Jésus, par d'anciens auteurs chartreux*, anthologie de textes réunis par Dom Innocent Le Masson au XVIIe siècle, quatrième édition, Notre-Dame des Prés, 1886, pp. 121-123.)

61

Tout au Christ

Ô Jésus ! Qui me donnera
Que vous soyez tout à moi et en moi ?
Qui fera que je vous possède
Sans crainte de vous perdre
Ou plutôt, qui me convertira en fer,
Et de fer en lance, pour être
Éternellement plongé dans votre Cœur ?
Ah ! Une fois seulement,
Seulement une fois
Et que ce soit pour jamais,
Que jamais je n'en sorte.
Disparaissez, biens de ce monde !
Tout cela n'est que boue, que lie,
Que corruption,
Qu'une image perpétuelle de la mort,
Sans proportion aucune avec
La grandeur de mon amour
Qui ne respire et ne tend
Qu'à ce Cœur de mon âme,
À l'âme de mon cœur.

Ô Dieu ! Quand pourrai-je y arriver ?
Quand y serai-je plongé et abîmé ?

(Dom Polycarpe de la Rivière, 1586-1638, extrait, cité dans *Mois du Sacré Cœur de Jésus, par d'anciens auteurs chartreux*, anthologie de textes réunis par Dom Innocent Le Masson au XVIIe siècle, quatrième édition, Notre-Dame des Prés, 1886, pp. 143-144.)

Prières aux saints

62

Joie de tous les saints

Je comprends la joie, l'enivrement des saints
Et des martyrs dans leurs immenses douleurs.
Plus la souffrance opère en eux, plus la joie
Éclate ; parce qu'ils voient tomber un à un,
Sous les coups de la douleur,
Les derniers restes du créé en eux.

Ils voient Dieu envahir enfin tout leur être,
Ils voient la mort absorbée dans la victoire,
Ils voient se réaliser en eux ce rêve suprême
De l'amour, où Dieu est tout en toutes choses ;
Et à mesure que tombe un pan du mur
De séparation, ils triomphent
D'une joie nouvelle.
Leur douleur est leur plus grande joie.

Bienheureux les pauvres,
Bienheureux ceux qui pleurent,
Bienheureux ceux qui ont le cœur pur,

Toutes ces béatitudes sont en eux,
Ô suprême bonheur des saints !

(François de Sales Pollien, 1853-1936, *La vie intérieure simplifiée et ramenée à son fondement*, éd. Joseph Tissot, Paris, Beauchesne, 1906, pp. 225-226.)

63

Hommage à saint Bruno

Bruno, tu as mis tout ton cœur
À connaître la sagesse. Tu as fait silence
Et elle t'a été enseignée par Dieu.
Tu as rendu tes oreilles attentives.
Tu l'as cherchée ouvertement dans
La prière et elle a été répandue
Dans ton cœur comme une pluie.

Heureux es-tu de l'avoir trouvée !
Nous glorifions Celui qui te l'a donnée
Quand nous voyons tes actes empreints
De douceur et de sagesse.

Ton silence est devenu louange
Parce que la Sagesse
Ouvre la bouche des muets.

Viens, Esprit de sagesse,
J'ai soif de vérité.

Tous les êtres sont à découvert
Devant toi.

(Une moniale de la chartreuse Notre-Dame, XXe siècle, *Prier quinze jours avec saint Bruno*, extraits, Paris, Nouvelle Cité, 2001, pp. 66 et 69.)

64

Supplique à saint Jean-Baptiste

Celui-ci est l'homme qui dans le désert,
Avec des vêtements de cuir,
A initié la sainte voie,
Au nom du Fils de Dieu qui allait venir,
Avec une voix et un langage
De Dieu véritable.

Il s'échappa, quand il n'avait que sept ans
Par un sentier secret
Vers les déserts
Et vers les montagnes étrangères,
Fuyant les vices, fuyant les maux,
Fuyant la gloire mortelle imparfaite.

Père béni, beaucoup plus qu'un prophète,
Père gracieux des chartreux !
Je vous supplie, mes mains
Et mes paumes jointes,
De nous conserver dans la grâce parfaite.

(Juan de Padilla, 1468-1520, *Retablo de la vida de Cristo*, Séville, Kromberger, 1505, traduction inédite de Santiago Cantera Montenegro, extraits, tableau I, cantique 6, strophe 9 et cantique 10, strophe 12.)

65

Marie-Madeleine, mère de contemplation

Que l'âme s'asseye paisiblement avec Marie
Aux pieds de Jésus pour écouter sa parole,
Qu'elle s'asseye avec humilité,
Qu'elle écoute avec attention
Et médite avec un cœur pur.
Que la modestie du corps
Reflète les dispositions de l'âme.
Devenue auditrice de la sagesse divine,
Qu'elle s'abaisse avec humilité
Et se prosterne aux pieds de Jésus,
Qu'elle oublie le chemin déjà parcouru
Et se tourne vers le but. En sanglotant,
En soupirant qu'elle se rappelle
Ses années passées dans l'amertume
De son cœur ; ainsi l'âme qui était morte
Revient à la vie et celle
Qui était éloignée par ses péchés
Se fait proche par la grâce de la contrition.
Après avoir mangé un pain de douleur,
L'âme se tourne vers le Christ ;

Elle s'enhardit, se lève, s'approche et,
Telle la Sunamite, saisit les pieds non plus
D'Élisée mais de Jésus-Christ, le fils de Dieu.
Elle les arrose de larmes, les essuie
Avec ses cheveux, les embrasse d'autant plus
Délicieusement qu'elle est plus dévote.

(Guillaume Bibauce, mort en 1535, « Sermon en la solennité de Marie-Madeleine », extrait, traduction dans *Petite anthologie d'auteurs cartusiens, XIIe-XVIe siècles*, par un chartreux, Grande-Chartreuse, 1987, p. 350.)

Humbles prières
du temps présent

66

Fonction de la prière

Seigneur, que seuls les cœurs purs
Peuvent voir, je recherche, par la lecture
Et la méditation, ce qu'est la vraie pureté
De cœur et comment on peut l'obtenir,
Pour devenir capable par elle de vous
Connaître au moins un peu.
J'ai cherché votre visage, Seigneur ;
Seigneur, j'ai cherché votre visage ;
J'ai longtemps médité dans mon cœur,
Et dans ma méditation s'est développé
Immensément un feu, le désir
De vous connaître davantage.

Quand vous me rompez le pain de
La Sainte Écriture, vous m'êtes connu
Par cette fraction du pain ;
Plus je vous connais, plus je désire
Vous connaître, non plus seulement
Dans l'écorce de la lettre, mais dans
La connaissance savourée de l'expérience.

Et je ne demande pas ce don, Seigneur,
À cause de mes mérites, mais en raison
De votre miséricorde.

(Guigues II le chartreux, mort en 1188, *Lettre sur la vie contemplative, douze méditations*, éd. Edmund Colledge, James Walsh et un chartreux, Paris, 2001, éditions du Cerf, « Sources chrétiennes », n° 163, p. 95.)

67

Se mettre en présence de Dieu

Je l'ai cherché, et je ne l'ai pas trouvé ;
J'ai appelé, et je suis demeuré sans réponse.

Offrir mon impuissance en hommage
À la transcendance insondable
De Dieu.

Si mon esprit est distrait :
Chaque fois que je m'en aperçois,
Le ramener avec calme et humilité
Vers Celui que je crois et sais
Être tout de même là, tout attentif
À mon amour ; me faire d'autant plus petit
Dans les bras de Marie.
Faire de ma misère un titre
À son infinie miséricorde.

Purifier mon cœur en m'affermissant
Dans le simple désir
De « l'unique nécessaire ».

(Un chartreux, XXe siècle, *Pratique de l'oraison*, Ad Solem, Genève, 1996, pp. 28 et 30.)

68

S’en remettre à Dieu

Ô mon Dieu, il me semble que j’ai
Un vrai désir de vivre suivant les exigences
De votre bon plaisir. Faites donc,
Je vous en conjure, que mon désir
Corresponde à votre désir :
Faites que je vous connaisse et que je me soumette
Autant que le porte votre volonté.

Donnez-moi la sincérité de l’attention
Et la simplicité de la soumission.
Sincèrement attentif, je n’ignorerai rien
De ce que vous désirez me découvrir :
Simplement soumis, je ne poursuivrai rien
De ce que vous voulez me cacher.

L’attention tiendra mon désir conforme
À votre désir, mon œil ouvert
À votre lumière.

J'arriverai à la tranquille assurance du repos
Dans la confiance. La simplicité me préservera
Des curiosités indiscrètes
Et des agitations inquiètes.

(François de Sales Pollien, 1853-1936, *La vie intérieure simplifiée et ramenée à son fondement*, éd. Joseph Tissot, Paris, Beauchesne, 1906, extraits, pp. 343-344.)

69

Le cœur ermite

Ô mon Dieu, qu'est-ce que le cœur
Cherche en courant de toutes parts
Pour y trouver quelque contentement ?
Il cherche et trouve de l'inquiétude et
De la dissipation qui le rend onéreux
À lui-même, parce qu'il ne peut presque
Plus demeurer avec soi-même.
Que trouve-t-il en exerçant ses affections
Comme pour s'en faire une compagnie,
Sinon de la douleur et de la servitude ?
Ce qu'il cherche et ce qu'il trouve
Est donc bien éloigné de ce qu'il souhaite.
Ha ! que je serai donc délivré de beaucoup
De peines et de dangers en retirant mon
Cœur dans la solitude, puisque je
L'empêcherai d'être trompé dans ses
Recherches et dans ses désirs, et de
Se servir à lui-même de supplice.
Je serai heureux, puisque je serai dans

L'état que vous voulez qu'on soit
Pour vous entendre parler au cœur.

C'est vous qui êtes le guide qui conduisez
Dans cette solitude où vous parlez au cœur
Par des impressions qui se font dans l'âme.

(Dom Innocent Le Masson, *Direction et sujets de méditations pour les retraites à l'usage des religieuses chartreuses*, extrait, Montreuil-sur-Mer, 1890, pp. 77-78.)

70

Prière du mendiant spirituel

Seigneur, je suis là
Et je m'avance les mains vides
Pour mendier votre aumône,
Tout comme un pauvre
Petit mendiant
Entièrement dépouillé.

Les pauvres de ce monde,
Plus ils sont dépouillés,
Et plus ils s'avancent pour
Mendier l'aumône du riche,
Comme les plus misérables
Des hommes.

Seigneur, regardez-moi,
Qui ne possède rien,
Regardez-moi
Avec bienveillance
Et bonté.

(Prière inspirée du chapitre V du livre II du *Traité sur la contemplation* de Guigues du Pont, mort en 1297, éd. Dom Philippe Dupont, *Analecta cartusiana*, n° 72, Salzbourg, 1985, 2 vol., vol. 1, p. 199.)

71

Oraison sur la pauvreté de l'homme

Ô mon Dieu !
Je n'aurais point besoin d'habits
Si j'avais la robe de la justice originelle
Que vous m'aviez donnée,
Car elle me servirait de tout ;
Mais l'ayant perdue, je me vois réduit
Dans un besoin qui m'apprend
Qu'on perd tout en perdant la justice.
Puisque vous m'avez justement condamné,
Selon le corps, à la peine de la nudité,
Faites encore passer votre Sentence
Sur mon homme entier,
Et dépouillez-moi du vieil homme
Et de ses actes, pour me revêtir du nouveau
Qui a été créé selon Dieu,
Dans la justice et dans la sainteté
De la vérité.

Le Seigneur me gouverne
Et rien ne me manquera,
Il m'a placé dans un lieu de bonne pâture.

(Dom Innocent Le Masson, 1628-1703, *Directoire des novices chartreux*, Avignon, Aubanel, 1867, pp. 27-28.)

72

Prière en forme de distiques sur la faiblesse humaine

L'âme est sereine qui mesure sa faiblesse.

Dieu merci ! Je suis douce et ne m'étonne pas
Que le puissant Amour chemine à petits pas.

La pure nudité seule sied au miroir :
C'est l'avoir qui t'offusque et te prive de voir.

Née de *Rien*. L'Époux ne peut, en me créant,
Qu'il ne me laisse la noblesse du néant.

Dans l'espace divin je vole sans détour :
Le silence est pure audace de l'amour.

Amour a des secrets que la nuit seule enseigne :
Vierge sage se rit que sa lampe s'éteigne.

(Dom Jean-Baptiste Porion, 1899-1987, « Distiques et quatrains, devises de béguines », extraits, dans *Nova et Vetera*, 24, 1954, pp. 148-149.)

73

Néant de l'homme, grandeur de Dieu

Ô mon Seigneur ! Si je voyais
Les choses comme elles sont et
Si je connaissais les merveilles
de votre amour sur moi, que serais-je
Et que ne ferais-je pas ?
Vous m'êtes venu ainsi chercher
Dans le néant afin de me faire ce que je suis
Et afin de m'aimer : Que puis-je dire
sur une semblable merveille de charité ?

Tout ce que je puis dire, c'est que vous,
Ô mon Dieu, existant par vous-même,
Vous êtes toujours Celui qui est,
Tandis que moi, n'étant quelque chose
Que par vous, je ne suis toujours rien
Par moi-même.
Ô Dieu qui êtes tout
Suppléez à mon néant !

(Dom Innocent Le Masson, 1628-1703, *Avis spirituels et méditations*, extraits, vol. 2, Tournai, Notre-Dame des Prés, 1911, p. 754.)

74

Prière d'une personne immobilisée

Mon Dieu, je n'irai pas
Dans votre demeure
De pierre aujourd'hui :
Je suis immobilisée dans la mienne
Et grande est la distance qui les sépare.
Votre vraie demeure c'est notre âme
Et c'est notre amour : Si quelqu'un m'aime,
Avez-vous dit, il garde mes commandements,
Nous viendrons en lui et nous y demeurerons.
Mon âme est donc un sanctuaire
Où vous résidez. Je puis vous y rejoindre,
Vous adorer, vous aimer, vous parler,
Vous dire mes besoins, ma faiblesse
Et aussi, pourquoi pas, mes bons mouvements
Et mes efforts. Je puis vous confier
Mes petites peines et les unir aux vôtres
Qui furent si grandes ;
Je puis m'offrir à vous
Avec tout ce que j'ai d'être et de vie,
Pour que vous fassiez de moi

Ce que vous voudrez.
Je puis vous demander de vous donner à moi,
De me communiquer ces vertus qui me manquent
Car vous êtes l'Amour même.

(Dom Augustin Guillerand, 1877-1945, *Liturgie d'âme*, Rome, Benedettine di Priscilla, 1959, pp. 17-18.)

75

Guérison intérieure

Ô Seigneur, vous avez toujours fait paraître
Que vous n'étiez pas seulement fidèle
Dans vos paroles, mais que vous donnez
Plus que vous ne promettez.
Vous avez souvent rendu la vie de l'âme
À ceux qui ne vous demandaient
Que la guérison du corps ;
Votre parole ou votre toucher
Faisaient l'une et l'autre.
Que ne dois-je donc pas espérer
De votre vie tout entière,
Que vous me communiquez
Dans ce mystère de l'Eucharistie ?
Ô Seigneur, il n'est pas question
De la guérison de mon corps,
Mais de celle de mon âme,
Pour laquelle je vous dis :
Seigneur, ayez pitié de moi,
Guérissez mon âme car j'ai péché contre vous.
Je suis très indigne de vos miséricordes

Et après avoir tant de fois manqué
À ma parole envers vous,
Je ne mérite pas de ressentir
Les effets de la vôtre.
Mais, je ne laisserai pas d'espérer en vous.

(Dom Innocent Le Masson, 1628-1703, *Directoire des novices chartreux*, Avignon, Aubanel, 1867, pp. 71-72.)

76

Dieu, ma force

L'amour,
L'amour se penchant vers notre misère
Pour se donner à elle
Et la relever jusqu'à lui,
Voilà ce qu'il y a de vrai en vous,
Voilà votre être.

Mon Dieu, vous êtes ma force,
Vous êtes ma voix,
Vous êtes le Verbe,
C'est-à-dire la Parole de toute parole,
La pensée de toute pensée.
Vous pouvez mettre dans un mot
Que je prononce,
Dans une pensée que j'exprime,
Des lumières éclairant les intelligences
Et des énergies renforçant les volontés.
Vous pouvez surtout donner
À mes pauvres prières, si insuffisantes
Qu'elles soient par elles-mêmes,

Une efficacité qui gagne les cœurs.
Je puis donc à la fois vous louer
Et obtenir qu'on vous loue.

(Dom Augustin Guillerand, 1877-1945, *Liturgie d'âme, « Cantique de toutes voix »*, extrait, Rome, Benedettine di Priscilla, 1959, pp. 102 et 103.)

77

Abba, que ton Nom soit sanctifié

C'est parce que le Père m'aime
Que je puis m'adresser à Lui
En toute sécurité et confiance.

Voilà l'Abba à qui je m'adresse.
L'Unique qui peut me donner la Vie,
Une Vie parfaitement calquée sur la sienne :
Il me veut, à l'instant présent,
À son Image et Ressemblance,
Non pas en raison d'une sorte
De placage extérieur à moi-même,
Mais parce qu'il m'engendre
À partir de sa propre subsistance.
Voilà ce que je veux dire lorsque
Je lui demande : « Abba que ton Nom
Soit sanctifié. » Que tu sois parfaitement
Dans la relation qui se construit entre nous.
Abba, je Te demande d'être mon Père,
De m'engendrer à ton Image et Ressemblance,
Par pur Amour, afin que, en retour,

Je puisse devenir,
Par pure gratuité de ta part,
Une tendresse « vers Toi ».

(Dom André Poisson, 1923-2005, « La prière du cœur », dans *La prière du cœur, la prière théologale*, Correrie de la Grande-Chartreuse, 1988, pp. 10 et 11.)

78

Prière au Père

Mon Dieu, en transformant mon âme
En vous, vous la faites bien grande.
Vous abattez les frontières
Où s'enferme si jalousement
Son moi si restreint ;
Vous lui donnez les dimensions
De votre cœur sans bornes.
Alors elle peut prier ; elle peut
S'unir à toute cette famille
Dans laquelle vous la faites entrer ;
Elle peut reprendre les grands mots
Si simples de votre prière :
« Notre Père ! » *Pater noster !*
Je les ai tant répétés, ces mots,
Qu'ils sont devenus presque banals
Et comme usés sur mes lèvres.
Je veux les rajeunir en les redisant
Avec vous, dans le cadre intime
De cette Messe d'âme.

Notre Père !
C'est le ciel et la terre réunis.

(Dom Augustin Guillerand, 1877-1945, *Liturgie d'âme, « Pater »*, extrait, Rome, Benedettine di Priscilla, 1959, p. 49.)

79

Prière de l'aube

Il est l'heure de nous lever de notre sommeil.
Je vous ai aimée bien tard,
Ô bonté ancienne, et qui m'êtes si nouvelle ;
Vous étiez dans moi et je n'étais point dans vous.
Ô mon Dieu ! Éclairez mes ténèbres
De peur que je ne retombe
Dans une semblable mort,
Et que je ne m'y endorme.
La nuit a précédé
Et le jour s'est approché.
Ô Seigneur !
Que serais-je devenu
Dans cette nuit obscure du siècle,
Si votre grâce ne m'était venue éclairer,
Et me servir de guide pour m'en retirer ;
Et que deviendrai-je encore
Si elle ne me prévenait toujours,
Pour me gouverner
Parmi les ténèbres de cette vie ?
Vous avez fait luire sur mon âme

Le jour de la vérité ;
Faites-moi la grâce de marcher
Comme un enfant de lumière,
En suivant toujours celui qui est la voie,
La vérité, et la vie.

(Dom Innocent Le Masson, 1628-1703, *Directoire des novices chartreux*, Avignon, Aubanel, 1867, pp. 25-26.)

80

Prière en allant au travail

Ô Seigneur !
Je suis condamné,
Comme tout le reste des enfants d'Adam,
À vivre de mon pain à la sueur de mon front ;
Qu'ai-je mérité de vous pour n'être pas
Réduit à la nécessité où sont tant d'autres,
De travailler tout le jour
Pour gagner leur vie ?

Ô mon Dieu,
Puisque vous me donnez la mienne toute gagnée,
Il faut que je travaille pour vous honorer,
Pour obéir et pour me rendre plus propre
À vous servir ;

Et c'est dans cette vue que je veux travailler.

(Dom Innocent Le Masson, 1628-1703, *Directoire des novices chartreux*, Avignon, Aubanel, 1867, pp. 84-85.)

81

Prière avant une lecture spirituelle

Seigneur, Mon Dieu,
Puisque c'est en vain que travaille
Celui qui bâtit une maison,
Si vous ne voulez pas qu'elle soit édifiée ;
C'est bien plus en vain
Que je fais la lecture spirituelle
Et l'étude ;
Car mon cœur sera sourd,
Et mon esprit aveugle,
Si votre Esprit ne m'ouvre le sens,
Pour entendre les Écritures.
Donnez-moi donc un esprit ouvert,
Et un cœur docile pour apprendre
Ce qu'il vous plaira de m'enseigner
Par la lecture de ces livres.
Ce ne sera ni aux livres,
Ni à mon esprit que
J'attribuerai ce que j'apprendrai,

Mais à votre Esprit
Et à votre sainte Grâce.

(Dom Innocent Le Masson, 1628-1703, *Directoire des novices chartreux*, Avignon, Aubanel, 1867, p. 85.)

82

Prière à la Trinité pour un jour de grâce

Mon Dieu,
Je crois bien ce que vous m'avez dit.
Je crois que mon âme
En grâce avec vous est un temple
Où réside réellement
Le Dieu trois fois saint,
Le Dieu en trois Personnes.
En vous et par vous
Je possède ce Dieu,
Je possède ces trois personnes.
Elles déploient en moi
Cette vie éternelle qui est
Leur amour mutuel et infini ;
Elles me communiquent cette vie ;
Elles me font entrer dans cette grande
Circulation de leur être unique
Que le Père verse tout entier dans son Fils
Et que le Fils retourne à son Père
Et fait rentrer tout entier dans son Père ;
Elles vivent en moi ce don mystérieux

Et plein de tout leur être
Qui est leur Esprit commun,
Leur unique amour.

(Dom Augustin Guillerand, 1877-1945, *Liturgie d'âme, « Kyrie eleison »*, Rome, Benedettine di Priscilla, 1959, p. 23.)

83

Prière pour affermir la foi

Répands en nous une foi vraie,
Assurée, vivante et forte.
Croyant par elle que toi,
Le Dieu un et trine,
Tu es la vérité suprême et infaillible,
Nous donnerons un assentiment fidèle,
Ferme et sans hésitation à tout
Ce que tu as révélé par l'Écriture sainte,
Par ton Église ou de toute autre manière,
Et que tu nous proposes à croire :
Nous croirons d'une foi assurée
Que tout cela est très vrai ;
Et ainsi, nous marcherons vers toi
Et nous nous efforcerons à te plaire.
Animés d'une foi forte,
Quelles que soient les difficultés,
Nous te demanderons fidèlement
Et sans hésitation ce qui est utile

Au salut, croyant que toi,
Selon ta promesse, tu nous le donneras.

(Jean-Michel de Vesly, mort en 1600, *Psalterium decachordum*, Lyon, 1598, « Explication de la dizaine (de chapelet) contenant les vertus théologales et cardinales », p. 199.)

84

Prière pour transmettre la foi

Accorde-nous par le don de la foi
Dans les actes, la doctrine
Et dans le témoignage
De prouver notre foi
Par toutes nos actions et notre vie,
En accomplissant
Ce que la foi commande de faire,
En fuyant ce qu'elle impose de fuir,
En espérant ce qu'elle propose d'espérer
Et ainsi de toutes les autres choses.
De plus, nous parlerons
Et nous enseignerons aux autres
La vraie foi, et tout ce
Qui lui est conforme.
Nous ne rougirons jamais
Ni ne craindrons pas notre foi
Et tout ce qui la concerne,
La professant ouvertement
à tous les adversaires de la foi.

(Jean-Michel de Vesly, mort en 1600, *Psalterium decachordum*, Lyon, 1598, « Explication de la dizaine (de chapelet) contenant les vertus théologales et cardinales », p. 200.)

85

Prière pour garder l'espérance

Accorde-nous une espérance,
Humble, assurée et ardente,
Nous défiant humblement de nous-mêmes,
Mais espérant avec certitude dans ta grâce,
Dans la toute-puissance de ta force
Et de ta miséricorde, réalisant
Avec application ce qui est en nous,
Nous espérerons, nous désirerons ardemment,
Nous attendrons patiemment de recevoir,
Par ta grâce, le pardon de nos péchés,
Et d'être exaucés de nos insistantes
Demandes d'être sauvés
Et de recevoir la béatitude éternelle.

(Jean-Michel de Vesly, mort en 1600, *Psalterium decachordum*, Lyon, 1598, « Explication de la dizaine (de chapelet) contenant les vertus théologales et cardinales », p. 200.)

86

Prière pour obtenir l'amour de Dieu

Accorde-nous la charité envers toi
Par laquelle à cause de toi seul,
Et par tout ce qui est en toi seul,
Nous n'aimions que toi
De tout notre cœur, de tout notre désir,
De toute notre affection
Et toute notre volonté,
De tout notre esprit,
De toute notre intelligence,
Notre raison et notre intention,
De toute notre âme, de toutes les forces
De notre corps et tous les sens
De notre âme, ne recherchant
Et ne nous appliquant à travers tout
Qu'à ton bon plaisir.
Ainsi, nous t'aimerons agréablement
Sans contradiction, véritablement
Sans aucune erreur, prudemment sans partage,
Efficacement en démontrant notre amour
Par nos œuvres, avec ferveur

En désirant te plaire et t'obéir,
Fortement et avec constance
En accomplissant tout ce qui te plaît.

(Jean-Michel de Vesly, mort en 1600, *Psalterium decachordum*, Lyon, 1598, « Explication de la dizaine (de chapelet) contenant les vertus théologales et cardinales », p. 200.)

87

Prière pour obtenir l'amour du prochain

Accorde-nous la charité
Envers notre prochain, par laquelle
Nous aimerons à cause de toi
Tous ceux qui sont capables
De béatitude, parce que tu le veux
Et qu'il te plaît que nous les aimions,
Et qu'ainsi, tu reçoives de nous un hommage
Gratuit qui doit être le principe moteur
Et la fin de notre amour.
Nous les aimerons en toi,
Parce qu'ils sont à toi,
Créés à ton image et à ta ressemblance,
Parce qu'ils sont tes fils et
Tes bien-aimés. Nous les aimerons par toi,
C'est-à-dire par la charité répandue
Et ordonnée par toi dans nos cœurs,
Et reportant vers toi tout amour naturel
Des autres, qu'il soit acquis, rationnel
Ou intéressé, rejetant et repoussant tout
Amour des vices et tout amour charnel.

Nous aimerons, dis-je, nos proches,
Compatissant profondément
À leurs souffrances et travaillant
Pour leur relèvement et leur délivrance.

(Jean-Michel de Vesly, mort en 1600, *Psalterium decachordum*, Lyon, 1598, « Explication de la dizaine (de chapelet) contenant les vertus théologales et cardinales » extrait, p. 201.)

88

Oraison sur l'instabilité de l'esprit

Ô céleste époux, très doux Jésus,
Mon âme s'efforce d'adhérer à toi,
De demeurer en toi, de vaquer à toi
Par une contemplation amoureuse
Et un amour contemplatif,
Mais mille obstacles m'empêchent,
Me retiennent, me retardent. Mon esprit
Est instable, ma pensée malade,
Ma volonté mauvaise et encline au mal,
La sensualité m'attire, les réalités
Quotidiennes me rivent à la terre,
L'objet de mes sens me fascine, l'armée
De mes vices et des démons m'assaille.

Que puis-je faire ? Sinon recourir à ton aide
Généreuse et te prier de tout mon cœur.
Entraîne-moi sur tes pas, sans cesse

Touche, emplis, éclaire,
Secours et affermis mon cœur.

(Denys le chartreux, 1402-1471, *Commentaire sur le Cantique des cantiques*, traduction dans *Petite anthologie d'auteurs cartusiens, XII*^{e}*-XVI*^{e} *siècles*, par un chartreux, Grande-Chartreuse, 1987, p. 231.)

89

Oraison
pour demander le repos en Dieu

Ô toi céleste époux, aimé par-dessus tout,
Daigne m'indiquer où est ta gracieuse
Demeure, dans quels cœurs tu apportes
La pâture de la nourriture spirituelle,
Quels sont ceux que tu mènes paître.
Montre-moi aussi où est ton repos,
Où mets-tu au repos ceux dont tu illumines
De la lumière de la contemplation les cœurs
Très aimés ; par les exercices de la vie
Contemplative ils te reçoivent en eux-mêmes,
Ils te gardent, ils ne t'offensent plus, et en eux
Se réalise ce qui est dit au Deutéronome 33,12 :
« Bien-aimé du Seigneur, il se repose,
Confiant, sur celui qui le protège
Tous les jours et qui se repose entre
Ses collines. » Oui, indique-moi où
Tu les mènes paître, où tu les mets au repos
À l'heure de midi, c'est-à-dire dans la
Magnifique splendeur de ta grâce,

Au feu ardent de la charité,
Dans ta brillante lumière.

(Denys le chartreux, 1402-1471, *Commentaire sur le Cantique des cantiques*, traduction dans *Petite anthologie d'auteurs cartusiens,* XIIe-XVIe *siècles*, par un chartreux, Grande-Chartreuse, 1987, p. 232.)

90

Hommage à la bonté de Dieu

« Je t'aime, Seigneur, ma force : Seigneur,
Mon roc, ma forteresse, Dieu mon libérateur. »
Plus un être excelle en bonté et en beauté,
Plus il est digne d'amour et attirant.
Toi, Roi des nations, monarque suprême,
Dieu très haut et adorable,
Tu es la bonté même, infinie, pour qui « être »
Et « être bon » sont une seule et même chose.
Tu es bon par essence et tout ce qui participe
À la bonté d'une manière ou d'une autre
Dépend de toi, bonté infinie, sans limite
En tout. Ô créateur béni, Roi sans égal,
Maître tout-puissant du monde,
Tu es l'origine et la cause
De tout ce qui est bon, sans toi
Absolument rien n'est bon.
Plus un être s'approche de toi, plus
Il est bon ; plus il s'en éloigne
Plus il devient laid et imparfait.
De plus, Seigneur Dieu sublime

Et plus grand que tout, tu es beau,
Tu es beauté illimitée et substantielle.
Seigneur très saint, tu es lumière
De toute lumière, lumière par essence,
Splendeur sans limite.

(Denys le chartreux, 1402-1471, *Vie et but des solitaires*, traduction dans *Petite anthologie d'auteurs cartusiens, XIIe-XVIe siècles*, par un chartreux, Grande-Chartreuse, 1987, pp. 313-314.)

91

Prière pour les âmes du purgatoire

Ô Dieu qui êtes notre Père et notre protecteur,
Daignez nous regarder en pitié,
Et jetez les yeux sur la Face de
Votre Fils Jésus-Christ.
Voyez l'anéantissement
Où il s'est mis pour racheter les âmes des
Pauvres enfants d'Adam ;
Les larmes qu'il répand en naissant ;
Sa pauvreté dans la crèche, et tout
Ce qu'il souffre pour eux.
Recevez toutes ces merveilles de sa charité,
Que je vous offre pour le soulagement
Des âmes du purgatoire par le même
Jésus-Christ notre Seigneur, qui vit
Et règne avec vous en l'unité du Saint Esprit,
Par tous les siècles des siècles.
Ainsi soit-il.

(Dom Innocent Le Masson, *Direction et sujets de méditations pour les retraites à l'usage des religieuses chartreuses*, extrait, Montreuil-sur-Mer, 1890, pp. 263-264.)

Prières devant la maladie et la mort

92

Abandon à Dieu

Où est-ce donc que je me tournerais,
Adorable Jésus,
Me trouvant ainsi renfermé
Dans les entrailles de votre charité ?
Où est-ce que je me retirerais,
Éloigné de votre présence,
Si je ne m'approchais pas de vous ?
Ô Jésus, mon Seigneur, soyez donc le bien venu,
Entrez dans le cœur de votre serviteur,
Qui a recours à vous comme suppliant :
Disposez de ma liberté,
Je mets moi-même mes mains dans vos liens,
Recevez-moi comme un serviteur
Qui vous sera toujours acquis,
Et par votre charité infinie,
Soulagez-moi dans mes peines,
Au milieu de tant de misères
Et de péchés dont je suis chargé.
Cependant quoique je vous aie offensé et méprisé

Non seulement vous m'invitez de m'approcher de
vous,
Mais vous venez vous-même à moi,
Afin de me prévenir par vos bénédictions
Et les douceurs de votre grâce.

Prenez-moi, ô bon Jésus encore une fois,
Et faites-vous de moi un sujet de gloire,
De moi qui vous ai si souvent abandonné.

(Dom Innocent Le Masson, 1628-1703, 51e prieur de la Grande-Chartreuse, *Le Directoire des mourants, à l'usage de l'ordre des chartreux*, Correrie de la Grande-Chartreuse, 1685, pp. 136-137.)

93

Guérison du pécheur

Ô Jésus qui êtes ma vie,
C'est donc avec ces charitables empressements
Que vous me cherchez,
Moi qui vous ai si souvent forcé à sortir
De mon âme par mes péchés ?
C'est donc vous qui en vous abaissant
Jusqu'à ce point
Avez trouvé le secret de vous humilier
D'une si surprenante manière.

Ô mon doux Sauveur !
C'est à présent que je me hâte d'aller devant vous,
C'est à présent que ma bassesse me fait descendre
Avec plaisir et que je m'anéantis
Devant votre adorable Majesté,
Afin que vous ne vous éloigniez pas de moi.

Ô mon secours et mon asile,
Ne m'abandonnez pas

Et ne me méprisez pas,
Vous qui êtes le Dieu de mon Salut.

Vous entrerez dans mon cœur,
Sans que la multitude de mes péchés,
De mes négligences, de mes inclinations déréglées,
Et de mes mauvaises habitudes vous en empêche,
Vous qui êtes entré dans la maison de Zachée
C'est vous qui avez des paroles de Salut
Et qui donnez la vie éternelle,
Dites-en seulement une,
Et mon âme sera guérie.

(Dom Innocent Le Masson, 1628-1703, 51e prieur de la Grande-Chartreuse, *Le Directoire des mourants, à l'usage de l'ordre des chartreux*, Correrie de la Grande-Chartreuse, 1685, pp 140-141.)

94

Acte de confiance

Quand je me considère,
Je ne rencontre au-dedans et autour de moi
Que des ennemis, et des misères ;
Mais quand je réfléchis que je suis uni
À votre Fils unique, je m'écrie avec David :
« Quand des armées entières s'élèveraient contre moi,
Mon cœur n'appréhendera pas,
Quand on me livrerait bataille,
J'espérerai remporter la victoire. »

Si l'infirmité de mon corps me rend impuissant,
Mon âme deviendra forte par la chair vivifiante
De Jésus-Christ que j'ai reçue.

Si la mort m'attaque,
Je serai immortel par son immortalité,
Et si les démons
Se soulèvent contre moi,
Je ne craindrai point leur fureur,

Parce que celui qui les fait trembler
Est avec moi.

Ainsi dans quelques peines
Et quelques misères que je me trouve,
Je ne craindrai rien, étant muni de la divinité
De Jésus-Christ et de son humanité sacrée.

(Dom Innocent Le Masson, 1628-1703, 51e prieur de la Grande-Chartreuse, *Le Directoire des mourants, à l'usage de l'ordre des chartreux*, Correrie de la Grande-Chartreuse, 1685, pp. 149-150.)

95

L'éclat de la miséricorde

J'avoue que je ne suis qu'un vase d'iniquité,
Que vous avez toutefois sanctifié et formé
Pour être un vase d'honneur,
Mais je me suis déshonoré moi-même,
Et j'ai changé toute ma gloire en ignominie.

Voilà donc celui que vous aimez
Qui est malade,
Et il est malade bien moins de son corps
Que de son âme, qui a souffert
Que ses sens se corrompent de la sorte ;
Mais je vous les abandonne,
Ces malheureux sens,
Pour les traiter de telle manière qu'il vous plaira.

Ô mon Dieu ! Ô l'amour de mon cœur
Faites éclater sur moi votre miséricorde !
Ô céleste médecin exercez votre puissance.
Je ne crains point de mourir,
Maintenant que vous m'êtes présent,

Parce que encore que je perde l'usage
De mes sens périssables,
Avec celui de la vie de mon corps,
Mon âme par votre miséricorde,
Par votre secours,
Et par l'application de vos mains charitables,
Jouira de l'heureuse immortalité.

(Dom Innocent Le Masson, 1628-1703, 51e prieur de la Grande-Chartreuse, *Le Directoire des mourants, à l'usage de l'ordre des chartreux*, Correrie de la Grande-Chartreuse, 1685, pp. 187-188.)

96

Action de grâces

Ne vous souvenez point des péchés
De ma jeunesse et de mes ignorances passées.
Ayez pitié de moi, ô mon Dieu,
Selon votre grande miséricorde.

J'ai péché devant vous seul,
J'ai commis le mal en votre présence,
Pardonnez-le-moi,
Afin que vous soyez reconnu juste
Dans vos paroles.
Vous ne mépriserez pas, ô mon Dieu,
Un cœur contrit et humilié.

Je bénirai le Seigneur en tout temps,
Et sa louange sera toujours sur ma bouche.

Votre miséricorde est grande à mon égard,
Et vous avez tiré mon âme
Du plus profond de l'enfer.
Qu'y a-t-il pour moi dans le ciel,

Et que puis-je désirer sur la terre
Que vous seul ?
Ma chair et mon cœur sont tombés en lambeaux.
Vous êtes le Dieu de mon cœur
Et mon partage pour toute l'éternité.

Je vous aimerai, Seigneur,
Qui êtes ma force.

(Dom Innocent Le Masson, 1628-1703, 51e prieur de la Grande-Chartreuse, *Le Directoire des mourants, à l'usage de l'ordre des chartreux*, Correrie de la Grande-Chartreuse, 1685, pp. 220-222.)

97

Désir de voir Dieu

Mon âme a un ardent désir
De m'unir au Dieu vivant
Et tout-puissant.

Venez, mon Seigneur Jésus,
Ô béatitude éternelle
Que je vous possède,
Ô douceur de mon âme
Que je jouisse de vous,
Montrez-nous votre visage
Et nous serons sauvés.

Mon Consolateur découvrez-vous à moi,
Et que je vous voie,
Vous qui êtes la lumière de mes yeux.

Je vous souhaite mille fois, mon Jésus.
Quand viendrez-vous ?
Quand me rendrez-vous joyeux ?

Quand est-ce que vous me rassasierez
De vous ?

(Dom Innocent Le Masson, 1628-1703, 51e prieur de la Grande-Chartreuse, *Le Directoire des mourants, à l'usage de l'ordre des chartreux*, Correrie de la Grande-Chartreuse, 1685, p. 225.)

98

Prière paisible pour un mourant

Ô très glorieux Seigneur Jésus,
En vue de cette très ardente charité
Qui vous a obligé de vous incarner,
De vous affliger et de mourir sur la Croix,
Nous avons recours à votre amour infini,
Et vous supplions de remettre à votre serviteur
Tous les péchés qu'il a commis en tant de manières.
Suppléez par les mérites de votre passion
À ce qu'il a manqué de faire,
Et faites lui ressentir les effets
De vos infinies et surabondantes miséricordes.
Disposez de lui, comme il vous plaira,
D'une manière qui lui soit favorable ;

Donnez-lui une sainte patience,
Une vraie pénitence, un pardon universel,
Une foi vive, une espérance ferme,
Une ardente charité,
Et mettez-le en si bon état
Qu'il meure dans votre doux baiser

Et votre chaste embrassement,
Afin que son âme sorte avec joie
De son corps, pour vous louer,
Glorifier, connaître et posséder
Pendant toute l'éternité.

Ainsi soit-il.

(Denys le chartreux, 1402-1471, dans Dom Innocent Le Masson, *Le directoire des mourants à l'usage de l'ordre des chartreux, op. cit.*, p. 262.)

99

Abandon confiant à Dieu

Ô Seigneur, rien ne m'est plus naturel
Que vous puisque c'est de vous que
Mon être procède,
Par vous qu'il est produit
Et que tout ce que je suis n'est
Qu'un enfantement de votre charité.

Je crois fermement que vous m'ouvrirez
Encore plus volontiers votre cœur
Et vos bras pour m'y recevoir.

Je viens donc, ô mon Dieu m'y jeter
Et m'y abîmer pour vous demander
Et obtenir la rénovation
De mon être tout entier.

Amen.

(Dom Innocent Le Masson, 1628-1703, *Avis spirituels et méditations*, vol. 2, extraits, Tournai, Notre-Dame des Prés, 1911, p. 482.)

100

Transfiguration du Christ

Ô Christ, tu t'es transfiguré,
Comme soleil ta face a lui ;
Tu as commandé, et voilà
Présents deux hommes du passé
Écoulé, Moïse et Élie.
Donne-nous la vision du ciel.

Alors une claire nuée
Couvrit d'ombre les assistants
Et la voix du Père a clamé :
« C'est là mon Fils, mon bien-aimé. »

Tu nous apprends que nous pouvons
Transporter arbres et montagnes,
Pourvu que nous ayons la foi
Pleinement et sans hésiter.
Au croyant tout devient possible,
S'il croit vraiment ce qu'il doit croire.

Ô bienheureuse Trinité,
Ô Divinité vraie et sainte,

Père et Fils unique du Père,
Avec l'Esprit qui d'eux procède,
À vous pureté, honneur, hymne,
Action de grâces et joie splendide.

(Denys le chartreux, 1402-1471, *Opera Omnia*, Montreuil-sur-Mer, t. 34, pp. 414-415, cité dans *La poésie latine chez les chartreux*, par Dom Augustin Devaux, *Analecta cartusiana*, Salzbourg, 1997, extraits, pp. 103-105.)

DU MÊME AUTEUR

Des jardins d'herbe et d'âme, Beauchesne, 2009

La Figure de Marie en chartreuse, suivi de *Une dormition de la Vierge* (avec Marie-Geneviève Grossel), Beauchesne, 2009

Prières cachées des chartreux, Le Seuil, 2009

Les Moniales chartreuses (photographies de Bruno Rotival), Ad Solem, 2009

Sanctuaire (encres de Fleur Nabert), Ad Solem, 2008

Terre des vivants, Presses de la Renaissance, 2008

Le Maître intérieur, Ad Solem, 2007

Le Chant des profondeurs, Salvator, 2007

Triste acédie et médecine des âmes dans la tradition monastique et cartusienne, Beauchesne, 2005

Liturgie intérieure, Ad Solem, 2004

L'hiver ne sera plus dans mon amour (encres de Fleur Nabert), La Barbacane, 2003

Les Larmes, la Nourriture, le Silence, Beauchesne, 2001

Les Réseaux d'alliance en diplomatie aux XIVe et XVe siècles : étude de sémantique, Honoré Champion, 1999

Le Mal et le Diable : leurs figures à la fin du Moyen Âge (dir.), Beauchesne, 1996

« Spiritualités vivantes »
Collection fondée par Jean Herbert

au format de poche

DERNIERS TITRES PARUS

200. *« Moi je ne juge personne ». L'Évangile au-delà de la morale*, de L. BASSET.
201. *L'Évangile de Philippe*, de J.-Y. LELOUP.
202. *Essais sur le bouddhisme zen*, de D. T. SUZUKI.
203. *Le Trésor du zen*, textes de Maître Dôgen commentés par T. DESHIMARU.
204. *La Prière en Islam*, d'E. de VITRAY-MEYEROVITCH.
205. *Cabale et Cabalistes*, de C. MOPSIK.
206. *Jacques, frère de Jésus*, de P.-A. BERNHEIM.
207. *Les Dits du Bouddha. Le Dhammapada.*
208. *À Bible ouverte. Le livre de la Genèse : de la Création à Caïn*, de J. EISENBERG et A. ABÉCASSIS.
209. *L'Enseignement de Mâ Ananda Moyî*, trad. par J. HERBERT.
210. *Tantra Yoga*, trad. et prés. par D. ODIER.
211. *La Joie imprenable*, de L. BASSET.
212. *Jésus, illustre et inconnu*, de J. PRIEUR et G. MORDILLAT.
213. *Enseignements sur l'amour*, de THICH NHAT HANH.
214. *Hillel*, de M. HADAS-LEBEL.
215. *Psychologie du yoga de la Kundalinî*, de C.G. JUNG.
216. *La Nuit privée d'étoiles*, suivi de *La Paix monastique*, de T. MERTON.
217. *Rachi de Troyes*, de S. SCHWARZFUCHS.
218. *L'Enseignement de Ramana Maharshi*, trad. E. BRAITENBERG.
219. *Les Quatrains d'Omar Khayyam*, trad. O. ALI-SHAH.
220. *Cent kôans zen*, commentés par N. SENZAKI.
221. *Lévinas, la vie et la trace*, de S. MALKA.
222. *Le Mahâbhârata*, conté selon la tradition orale.
223. *Le Râmâyana*, conté selon la tradition orale.
224. *Résonances bibliques*, de A. DE SOUZENELLE.
225. *Saint François et le sultan*, de G. JEUSSET.

226. *Angèle de Foligno*, de M. CAZENAVE.
227. *Leçons sur la Torah*, de L. ASKÉNAZI.
228. *Les Cathares*, de A. BRENON.
229. *Les Formes du vent. Paysages chinois en prose*, traduits par M. VALLETTE-HÉMERY.
230. *Pacifier l'esprit*, du DALAÏ-LAMA.
231. *La Montagne dans l'océan*, de J.-Y. LELOUP.
232. *Petites étincelles de sagesse juive*, de V. MALKA.
233. *Traité des larmes*, de C. CHALIER.
234. *Changer l'avenir*, de THICH NHAT HANH.
235. *Les Porteurs de lumière*, de N. TAJADOD.
236. *Le Nuage de l'inconnaissance*, commenté par B. DUREL.
237. *Nâgârjuna et la doctrine de la vacuité*, de J.-M. VIVENZA.
238. *ABC d'une sagesse*, de Svâmi PRAJÑÂNPAD.
239. *Les Sermons*, de Maître ECKHART.
240. *Maître Dôgen*, de Jacques BROSSE.
241. *L'Âme de l'Iran*, de R. GROUSSET (dir.).
242. *100 prières de chartreux*, par N. NABERT.

EXTRAITS DU CATALOGUE

Spiritualités vivantes

48. *Le désert intérieur,* de Marie-Madeleine Davy
61. *L'Évangile de Thomas,* traduit et commenté par Jean-Yves Leloup.
65. *La Sagesse du désert, aphorismes des Pères du désert,* de Thomas Merton.
76. *L'Évangile de Jean,* traduit et commenté par Jean-Yves Leloup.
79. *Le Livre des Œuvres divines,* de Hildegarde de Bingen.
86. *Écrits sur l'hésychasme,* de Jean-Yves Leloup.
94. *Paroles du Mont Athos,* de Jean-Yves Leloup.
102. *Les Collations de Jean Cassien ou l'unité des sources,* textes choisis et présentés par Jean-Yves Leloup.
113. *Homélies de Jean Chrysostome sur l'incompréhensibilité de Dieu,* présentées par Jean-Yves Leloup.
117. *Œuvres,* de saint François d'Assise, traduites et présentées par Alexandre Masseron.
122. *Prière de Jésus, prière du cœur,* de Rachel et Alphonse Goettmann.
124. *Le Pèlerin chérubinique,* d'Angelus Silesius, traduit et présenté par Camille Jordens.
147. *Le Miroir des âmes simples et anéanties,* de Marguerite Porete.
156. *L'Étincelle de l'âme, Sermons I à XXX,* de Maître Eckhart, traduits et présentés par Gwendoline Jarczyk et Pierre-Jean Labarrière.
161. *L'Imitation de Jésus-Christ,* traduit par Pierre Corneille.
162. *Dieu au-delà de Dieu, Sermons XXXI à LX,* de Maître Eckhart, traduits et présentés par Gwendoline Jarczyk et Pierre-Jean Labarrière.
168. *Job sur le chemin de la Lumière,* d'Annick de Souzenelle.
170. *Guérir du malheur,* de Lytta Basset.
171. *Le Pouvoir de pardonner,* de Lytta Basset.

176. *Et ce néant était Dieu... Sermons LXI à XC*, de Maître Eckhart, traduits et présentés par Gwendoline Jarczyk et Pierre-Jean Labarrière.
177. *L'Évangile de Marie*, de Jean-Yves Leloup.
178. *Le Féminin de l'Être. Pour en finir avec la côte d'Adam*, d'Annick de Souzenelle.
181. *Bernard de Clairvaux*, de Marie-Madeleine Davy.
183. *Les Psaumes*, traduits et présentés par Patrick Calame et Frank Lalou.
189. *Dietrich Bonhoeffer. Résistant et prophète d'un christianisme non religieux*, d'Arnaud Corbic.
197. *La Spiritualité orthodoxe et la philocalie*, de Placide Deseille.
199. *Teilhard de Chardin*, d'Édith de la Héronnière.

Espaces libres

21. *Teilhard de Chardin et le mystère de la Terre*, de Jean Onimus.
28. *Marie-Madeleine, un amour infini*, de Jacqueline Kelen.
62. *La Place de l'homme dans la nature*, de Pierre Teilhard de Chardin. Présentation de Jean Onimus.
64. *Accroche ta vie à une étoile*, de Stan Rougier. Entretiens avec Jean-Pierre et Rachel Cartier.
67. *J'attends Quelqu'un*, de Xavier Emmanuelli.
74. *L'Égypte intérieure ou les dix plaies de l'âme*, d'Annick de Souzenelle.
75. *L'Au-delà au fond de nous-mêmes*, d'Alphonse et Rachel Goettmann.
79. *La Parole au cœur du corps*, d'Annick de Souzenelle. Entretiens avec Jean Mouttapa.
81. *La Petite Sainte Thérèse*, de Maxence Van der Meersch.
83. *À l'écoute du cœur*, du cardinal Martini.
96. *Dernier avis avant la fin du monde*, de Xavier Emmanuelli.
99. *Un Juif nommé Jésus*, de Marie Vidal.
104. *Cent prières possibles*, d'André Dumas. Préface d'Olivier Abel.
106. *Manque et plénitude*, de Jean-Yves Leloup.
113. *L'Absurde et la Grâce*, de Jean-Yves Leloup.

119. *Un art de l'attention,* de Jean-Yves Leloup.
125. *Le Curé de Nazareth. Émile Shoufani, Arabe israélien, homme de parole en Galilée,* d'Hubert Prolongeau.
126. *L'Évangile d'un libre penseur. Dieu serait-il laïque ?*, de Gabriel Ringlet.
128. *Quand la conscience s'éveille,* d'Anthony de Mello.
136. *Dieu a changé d'adresse*, d'Odon Vallet.
148. *Éloge de la fragilité,* de Gabriel Ringlet.
154. *Appel à l'amour,* d'Anthony de Mello.
157. *Le christianisme en accusation,* de René Rémond et Marc Leboucher.
159. *Un chemin vers Dieu,* d'Anthony de Mello.
160. *L'Amour comme un défi,* de Stan Rougier.
161. *Du bon usage de la vie,* de Bernard Besret.
170. *L'Évangile des païens,* d'Odon Vallet.
182. *Lettres sur la méditation,* de Laurence Freeman.
191. *Le Retour de l'enfant prodigue,* de Henry J. M. Nouwen.
197. *Jésus, Marie-Madeleine et l'Incarnation,* de Jean-Yves Leloup.
201. *Œdipe intérieur. La présence du Verbe dans le mythe grec,* d'Annick de Souzenelle.
202. *Saint François d'Assise ou la puissance de l'amour,* de Stan Rougier.
205. *Jésus, l'homme qui évangélisa Dieu,* de René Luneau.
210. *Une femme innombrable*, de Jean-Yves Leloup.

Albin Michel Spiritualités/grand format

Quand le pape demande pardon, de Luigi Accattoli.
Le Moine et la Psychanalyste, de Marie Balmary.
La Résistance spirituelle 1941-1944, Les cahiers clandestins du Témoignage chrétien. Textes présentés par François et Renée Bédarida.
Le Bon Pape Jean. Jean XXIII, la biographie, de Mario Benigni et Goffredo Zanchi.
Dieu, personne ne l'a jamais vu, de Maurice Bellet.
L'Enfant hérétique. Une traversée avec Jésus, de Gérard Bessière.
Le Bestiaire du Christ, de Louis Charbonneau-Lassay.
Célébrations chrétiennes, collectif.

Les Chrétiens de l'Inde, de Catherine Clémentin-Ohja.

Les Messagers du silence, de Michel Cool.

Chrétiens en Terre sainte, de Catherine Dupeyron.

La Vie de saint François d'Assise, d'Omer Englebert.

La Fleur des saints, d'Omer Englebert.

Jésus, le Maître intérieur, de Laurence Freeman, préfacé par le Dalaï-Lama.

Le Désir et la Tendresse. Pour une éthique chrétienne de la sexualité, d'Éric Fuchs.

Profession théologien. Quelle pensée chrétienne pour le XXIe siècle ?, de Claude Geffré.

Comment je suis redevenu chrétien, de Jean-Claude Guillebaud.

Les Traités, le Poème, de Maître Eckhart, traduits et présentés par Gwendoline Jarczyk et Pierre-Jean Labarrière.

Maître Eckhart ou l'empreinte du désert, de Gwendoline Jarczyk et Pierre-Jean Labarrière.

L'Autre Messie. L'extraordinaire révélation des manuscrits de la mer Morte, d'Israël Knohl.

Le Grand Livre du Cantique des cantiques, de Frank Lalou et Patrick Calame.

Un homme trahi. Le roman de Judas, de Jean-Yves Leloup.

« Notre Père », de Jean-Yves Leloup.

Paroles d'un moine en chemin, de Jean-Pierre Longeat et Monique Hébrard.

De l'âme et de son destin, de Vito Mancuso.

Mar Moussa. Un monastère, un homme, un désert, de Guyonne de Montjou.

Éloge du simple. Le moine comme archétype universel, de Raimon Panikkar.

La Bible oubliée, de J. R. Porter, traduction de Gabriel Veyret.

Les Récits d'un pèlerin russe, trad. et comm. de Gleb Pokrovsky.

Ma part de gravité. Un itinéraire entre Évangile et actualité, de Gabriel Ringlet.

Et je serai pour vous un enfant laboureur... Retourner l'Évangile, de Gabriel Ringlet.

L'Ordinaire de Dieu, de Marie Rouanet.

Voyage en Galilée, d'Émile Shoufani. Photographies Hanan Isachar.

Le Grand Rêve de Charles de Foucauld et Louis Massignon, de Jean-François Six.

Alliance de Feu. Une lecture chrétienne du texte hébreu de la Genèse, tome I, d'Annick de Souzenelle.

Alliance de Feu. Une lecture chrétienne du texte hébreu de la Genèse, tome II, d'Annick de Souzenelle.

La Lettre, chemin de vie, d'Annick de Souzenelle.

Les deux visages de Dieu. Une lecture agnostique du Credo, de Michel Théron.

Petit lexique des hérésies chrétiennes, de Michel Théron.

Il n'y a pas d'avenir sans pardon, de Desmond Tutu.

Le Juif Jésus et le Shabbat, de Marie Vidal.

Les Carnets du calligraphe

L'Évangile de Thomas, traduit par Jean-Yves Leloup, calligraphies de Frank Lalou.

Le Cantique des créatures, de saint François d'Assise, calligraphies de Frank Missant.

Le Dieu des hirondelles. Poèmes de Victor Hugo présentés par Robert Sabatier, calligraphies de Claude Mediavilla.

Tous les désirs de l'âme. Poèmes d'Arménie traduits par Vahé Godel, calligraphies de Achot Achot.

La rose est sans pourquoi, d'Angelus Silésius, préface de Christiane Singer, calligraphies de Vincent Geneslay.

Composition Nord Compo
Impression CPI Bussière en octobre 2009
à Saint-Amand-Montrond (Cher)
Éditions Albin Michel
22, rue Huyghens, 75014 Paris
www.albin-michel.fr
ISBN 978-2-226-19124-3
ISSN 0755-1835
N° d'édition : 25938 – N° d'impression : 092715/1
Dépôt légal : novembre 2009
Imprimé en France